Gerhard Vohs

Eva
eine kleine Hexe und
ein erotischer Engel zugleich

Eine
Liebesgeschichte mit
Romantik und Enthusiasmus

Foto Umschlagseite: Eden Keller, „Dead Love",
CC-Lizenz (BY 2.0)
http://creativecommons.org/licenses/by/2.0/de/deed.de
Alle Bilder stammen aus der kostenlosen Bilddatenbank www.piqs.de

Umschlaggestaltung, Illustration: Gerhard Vohs

Basis-Lektorat, Korrektorat: Jörg Querner

Verlag: tredition GmbH, Hamburg

ISBN: 978-3-8495-2503-3

Printed in Germany

Das Werk, einschließlich seiner Teile, ist urheberrechtlich geschützt. Jede Verwertung ist ohne Zustimmung des Verlages und des Autors unzulässig. Dies gilt insbesondere für die elektronische oder sonstige Vervielfältigung, Übersetzung, Verbreitung und öffentliche Zugänglichmachung.

Inhaltsverzeichnis:

Erstes Kapitel:
Eine Frau, um auf die Knie zu fallen und Gott zu danken, ein Mann zu sein

1.1 Eine beschissene Woche **7**

1.2 Ihr Anblick erwärmt sofort mein Herz **26**

1.3 Das Wochenende vergeht wie eine wandelnde Schlaftablette **36**

1.4 Sie geht mir einfach nicht aus dem Kopf **49**

1.5 Mein Herz rast und die Hand, die den Autoschlüssel hält, zittert **57**

1.6 Ich kaufe Blumen und Champagner **70**

Zweites Kapitel:
Sie bewirkt einen Zauber in mir, dem ich nicht widerstehen kann

2.1 Als ob sie mir die Hand hinhält und mich in ihrem Leben willkommen heißt **84**

2.2	Die Liebe ist wie ein großes Spiel	**97**
2.3	In meinem Kopf beginnt sich die Eifersuchtsspirale zu drehen	**114**
2.4	Aus dem Lagerfeuer ist längst ein Flächenbrand entstanden	**127**
2.5	Niemals möchte ich wie eine Eisenbahnschiene neben ihr liegen	**146**
2.6	Ich bin ein Gefangener ihrer Liebe	**175**

Drittes Kapitel:
Jeg elsker dig heißt: ich liebe dich

3.1	Der erste gemeinsame Urlaub wird gebucht	**188**
3.2	Dänemark, das Land der Wikinger und Moorleichen	**205**
3.3	Ein verregneter Tag	**221**
3.4	Ich nehme ihre Hand und sage: jetzt hab ich alles	**247**

Erstes Kapitel:
Eine Frau, um auf die Knie zu fallen und Gott zu danken, ein Mann zu sein

1.1 Eine beschissene Woche

Es war mal wieder eine dieser beschissenen Wochen, in denen sich gar nichts tat, aber auch rein gar nichts.

Am Montag kam ich mir vor, als wenn ich im Kohlenkasten geschlafen hätte und sich tote Ratten in meinen Mund suhlten, nur weil ich am Tage zuvor auf einer Geburtstagsparty war und dort mich an einer falschen Karaffe bediente. Zum Verdünnen mit Cola hat sich dieser braune Zuckerrohrverschnitt vorzüglich geeignet. Doch als ich nach Verköstigung von drei dieser Drinks anfing, die eine Breitarschgazelle mit der Blutgruppe Frittenfett, die ihre Haare zu einem Knoten gebunden hatte, eine Brille trug, die viel zu tief auf der Nase saß, mich mit strengem Blick musterte und eine Vorliebe für graue Kostüme hatte, fast in den Ausschnitt fiel, wurde ich von dem Gastgeber gefragt:

»Sag mal, was ist denn mit dir los. Seit wann flirtest du mit meiner Schwiegermutter? Hast du Notstand oder kannst du den Schnaps nicht mehr ab? Was trinkst du da eigentlich?«

»Watt is? Hick, isch trinke Gola Rum, de häd aber so komisch schmeckt. Mene Sunge fülscht sich an wie son oller Per..., Per..., Perserteppisch. Watt hasse denn da föan Fusel kauft?«

»Aus welcher Karaffe hast du denn genommen?«

»Na ausch de dicken doar. Die woar am vollschten, hick.«

»Hä, hä, hä, das ist zwar Rum, aber 80-prozentiger, das ist Stroh-Rum. In der Karaffe daneben, da ist Captain Morgan drin.«

»Ick happ..., haff..., jene Ahnung. Wi soll ich chen dat wiisen? Isch glaub, isch musse nach Hause, de Busch fährt nich alene. Uffa, is dat ein Windtt heude, ka man kaum mer stehn.«

»Ne, bleib ruhig sitzen, so kommst du mir nicht nach Hause. Ich koch dir erst mal einen starken Kaffee und dann sehen wir weiter.«

»Tanke schönn, du bischst wie ene Mudda schu mir.«

Na ja, ich hatte, nachdem ich die ganze Kanne Kaffee ausgetrunken hatte, mir noch ein paar Cola Rum genehmigt und ließ über Nacht meinen Schädel im Karussell des Todes fahren. Den ganzen Tag hatte ich stechende Schmerzen unter meiner Kopfhaut, eine Art Schädeldeckenkatarr. Ich merkte doch immer wieder, dass ich keine siebzehn mehr war.

Am Dienstag hatte ich mir gerade eine Route zurechtgelegt, um diverse Kunden zu besuchen, als mein Nachbar Fanny hereinkam. Er hatte Zeit im Überschuss, weil er frei hatte und nicht wusste, wie er die Zeit totschlagen sollte. Er erzählte mir von seiner neuesten Weibergeschichte, von einer Frau, die er kennengelernt hatte, sie jeden Tag nach Feierabend in ihre dreißig Kilometer entfernte Wohnung fuhr und sie nun auf einmal nichts mehr von ihm wissen wollte.

Mann, Junge, das nervte, ich kannte all die Geschichten. War genauso mit der Frau, der er ständig den Garten gemacht hatte, und bevor es dazu kam, sie zum Essen einzuladen, da hatte sie sich bereits in einen anderen verknallt und den später geheiratet. Damals war er völlig außer sich, hätte den Typ am liebsten verprügelt.

»Mensch, Fanny, du musst dich nicht immer verstellen. Weißt du, die einen Männer tun das, um besonders klug und kompetent zu wirken, die anderen versuchen Frauen durch unpersönliche Sprüche zu beeindrucken, während du durch deine Hilfsbereitschaft oder durch dein total überzogenes

Nettsein Frauen imponieren willst. Da gehst du total falsch vor, blockierst dich innerlich. Frauen mögen es, wenn man ihnen mit Humor und Natürlichkeit begegnet. Und wenn du sie ansprichst, solltest du dich nicht künstlich verhalten.«

»Ja, aber wenn ich sie von vorn gleich anspreche, dann werde ich nervös und krieg meistens kein Wort heraus.«

»Zu deiner Nervosität und Unsicherheit solltest du stehen, da brauchst du keine Angst vor ihrer Reaktion haben, das ist normal. Beim Flirt verlieren derartige Eigenschaften schnell ihre Bedeutung und was dann nur noch zählt, ist allein das Gefühl, was du in ihr auslöst.«

»Das ist leichter gesagt als getan. Ich bin da ein bisschen schüchtern, nicht so wie du. Du hast damit keine Probleme, dich mögen die Mädels.«

»Ja, weil ich mich natürlich gebe und eigentlich im Hinterstübchen gar nicht auf der Suche nach meiner Traumfrau bin. Sollte sie dennoch dabei sein, würde auch ich anfangen nervös und verkrampft zu werden. Nichts ist schlimmer als gleich am Anfang seine ganze Hoffnung auf den Kontakt zu einer bestimmten Frau zu setzen und sich die unbedingte Gegenliebe zu erhoffen, sie zu bewundern, auf Händen zu tragen, ihr nach dem Mund zu reden und alles für sie zu tun.«

»Aber wenn du gleich mit der Tür ins Haus fällst, dann denken die doch, du willst sie nur poppen.«

»Das ist doch Schwachsinn, was du da erzählst. Frauen stehen auf Männer, die sich nicht verstellen, keine Angst vor ihnen haben, den Mut haben, auf sie zuzugehen und den ersten Schritt zu riskieren. Das hat erst mal nichts mit der Popperei zu tun, was später daraus wird, ist eine andere Sache. Du kennst so viele hübsche Frauen, mit denen du dich unterhältst, da bist du ganz natürlich, warum nicht auch bei denen, die dich interessieren?«

»Die kenn ich ja schon seit Jahren, einige noch aus meiner Schulzeit, aber die sind nichts für mich, teilweise haben sie auch einen festen Freund und den kenne ich auch gut.«

»Du siehst ja, was mit Christa gewesen ist, bums, weg war sie und hat geheiratet. Und bei der jetzigen ist es nicht anders. Wenn sie nur deine Gefälligkeiten ausnutzen, dann kannst du sie mit deinem Schatten vergleichen, halten sich dicht hinter dir, solange die Sonne scheint, und verlassen dich sofort, wenn es dunkel wird.«

Das Gespräch war natürlich noch lange nicht zu Ende und in Gedanken konnte ich meine Besuche abhaken. Am liebsten hätte ich ihm ein Schnitzel um den Hals gebunden und ihn auf die Straße gestellt, damit er andere Spielkameraden findet. Nur weil ich Selbstständig war, mein Büro zu Hause hatte, musste man mich doch nicht den ganzen Tag mit den gleichen Sachen nerven, dafür war der Feierabend da. Nachdem er dann endlich zur Abendbrotzeit gegangen war, war wirklich Feierabend für mich, und wieder hatte ich nichts geschafft.

Am Mittwoch hatte ich einen Zahnarzttermin, um den Dentisten mit Klempnerarbeiten an meinen Zähnen sein Geld verdienen zu lassen. Ich kam in ein überfülltes Wartezimmer, setzte mich auf den letzten freien Stuhl zwischen zwei Damen, die wahrscheinlich schon Jahrzehnte in diesem Warteraum zugebracht hatten. Sie entbrannten in einen wahren Wettstreit, wer von denen die größten Gebrechen vorzuweisen habe.

»Letztens musste er eine Wurzelbehandlung bei mir durchführen, da hat er mit so einer langen Nadel im Zahn herumgestochert, ich dacht, die kommt aus dem Kiefer wieder raus«, meinte die linke und spreizte ihren Daumen und Zeigefinger so weit auseinander, dass mindestens ein dreitausend

Seiten starkes Buch dazwischen Platz gehabt hätte, worauf die rechte burschikos antwortete:

»Mir hat er einen Zahn gezogen, mit einer Zange, die wohl vorher im Becken einer Folterkammer auf glühenden Kohlen gelegen hatte, das war vielleicht ein Gefühl.«

»Ja, und dann hat er mir eine Zahnfüllung verpasst, ich glaub, das war Quecksilber, die fiel immer wieder raus, nun hab ich Porzellan drin.«

»Porzellan?«, warf die andere verächtlich ein. »Ich hab mir Jacketkronen machen lassen, mit Goldkern und Keramikverblendung.«

Jedes Mal, wenn eine anfing zu sprechen, beugte sie sich vor und schaute an mir vorbei zu der anderen. Irgendwann hatte ich die Schnauze voll und fragte:

»Wollen wir mit den Stühlen tauschen? Dann brauchen Sie sich nicht gegenseitig anzubrüllen.«

Schlagartig wurde es still und sie sagten keinen Mucks mehr, nur die anderen Patienten fingen an zu schmunzeln. Meinen Stuhl durfte ich weiter behalten und es dauerte auch nicht lange, da wurde die eine Patientin aufgerufen.

Hier wartete ich nun und freute mich eigentlich über die Fülle dieses Raumes, was von einem guten Arzt zeugt. Anders bei den Wartesälen der Bahn, je voller die sind, desto verspäteter kommt der Zug.

Nachdem ich gefühlte drei Stunden im Wartezimmer verbracht hatte, ich mich daraufhin beschwerte, wurde festgestellt, dass meine Behandlungskarte verschwunden sei. Sie wurde verlegt und keiner wusste wo, aber ich brauchte mir keine Sorgen machen, denn ich würde unverzüglich drankommen. Meine Geduld wurde dann damit belohnt, dass ich noch weitere eineinhalb Stunden ausharren durfte, um dann eine fünfminütige Behandlung über mich ergehen zu lassen. Folglich war auch dieser Tag für mich gelaufen.

Den Donnerstag verbrachte ich auf einem Seminar, wo es zuging wie auf einer Versammlung von Comicfiguren. Der Leiter arbeitete mehr oder weniger nur aus Alibigründen, um sich im Gegenzug zu seinem üppigen Gehalt auch mal als Lehrer beweisen zu können. Seine flachen Anekdoten waren so was von langweilig, dass sie mich immer wieder zum Einnicken brachten. Im Grunde war ich nur mitgegangen, weil mein Kollege meinte, das Buffet wäre enorm, und das war es auch.

Da gab es Vorspeisen wie hausgeräucherten Lachs mit Sahnemeerrettich, Schwarzwälder Schinken mit Melonenfächern, Geflügelsalat mit Ananas und Curry und frische Salate der Saison mit verschiedenen Dressings. Der Hauptgang bestand aus Schweinelendchen in Champignonrahmsauce mit Spätzle und Poulardenbrust im Speckmantel in Burgundersauce mit Kartoffelgratin. Als Nachtisch wurde Bayrisch-Creme mit Aprikosensauce und Mousse au Chocolat aufgetischt.

Mit dem Essen ist es wie mit dem Sex, selber machen oder kommen lassen, ich fuhr lieber hin. Nach dem Essen ging die Veranstaltung weiter und ich nickte wieder ein, bis mein Kollege mich anstieß und meinte:

»Ey, du hängst da im Sekundenschlaf.«

»Was, wie, wo, wer? Sekundenschlaf? Du, den könnt ich jetzt stundenlang halten, so vollgefressen bin ich. Ich konnte gar nicht so viel essen, wie ich jetzt kotzen könnte.«

»Und wer soll den Dreck dann wegmachen?«

Ich schaute auf meine Armbanduhr und sagte:

»Mach dir keine Sorgen, da kommt nichts raus, da bin ich viel zu geizig. Du weißt doch, essen ist Silber, fressen ist Gold. Oh, so spät schon, dann ist diese Scheiße ja gleich vorbei.«

Und so war es dann auch. Ich fuhr schließlich ausgeruht und völlig satt nach Hause und hatte auch an diesem Tag nichts geschafft.

Heute war Freitag, der fünfte Tag in dieser Woche, und wieder passierte nichts, aber wirklich gar nichts. Ich saß hier in meinem Büro, das ich bequemerweise in meinem Haus hatte, und wartete, dass das Telefon mal klingelte. Aber nicht mal das war gut aufgelegt. Meine Bestandskunden konnte ich nicht erreichen, um die quotierten Angebote zu realisieren, denn die einen waren nicht da, die anderen hatten keine Zeit und der Rest litt unter der Paranoia, in den Urlaub fahren zu müssen.

So saß ich nun da und hatte diese Woche unter der Rubrik ›außer Spesen nichts gewesen‹ abgehakt. Nicht, dass ich das brauchte, nein, mein Bestand war groß genug, der ließ mich nicht verhungern, und als Alleinstehender brauchte ich nicht viel. Am Wochenende sich mal 'n Lütten gönnen, ein-zweimal im Jahr das Nervenkostüm zum Schneider bringen, also Urlaub machen, und mit ein paar Talern für mein Alter vorsorgen.

Aber irgendwie hat man als Autonomer einen innerlichen, unkontrollierten Drang oder auch einen inneren Beweggrund, mehr zu erreichen als andere Kollegen. Eine intrinsische Motivation, etwas um seiner selbst willen zu tun, lieber Schmuck als Schweißperlen zu tragen und auch mal das schärfste Chili am Strauch zu sein.

Ich war Verkäufer, Verkäufer einer unsichtbaren Ware, die erst sichtbar wird, wenn ein Schaden eintritt. Nein, kein Treppenterrier der Humbug Mülleimer, die ihre Leute in einem dreistündigen Seminar irgendwo im Keller ausbilden und dann mit ihrer Unerfahrenheit auf die Menschheit loslassen. Nein, ich habe meinen Job gelernt, drei Jahre auf einer höheren Handelsschule, war dann zehn Jahre im Innendienst gewesen, dann als Direktionsbevollmächtigter und Abteilungsleiter in den Außendienst gegangen und rühmte mich nun, einen Maklerschein zu besitzen, um so meinem Kundenkreis eine effizientere und leistungsfähigere Beratung zu gewährleisten.

Das hatte sich auch bewiesen, denn mein Bestand, den ich mittlerweile zwanzig Jahre pflegte, hatte einen enormen Zuwachs, allein durch die Mundpropaganda meiner Kunden, erhalten. Es ging nicht darum, Unfallversicherungen für das Schneiden an Papierkanten, Feuerversicherungen für Eisenbahnschienen unter Wasser und Hochwasserschutz im Himalaja zu verkaufen, das ist Sache der Klinkenputzer. Unsere Aufgabe war es dann, solche Fehlverkäufe wieder gerade zu biegen und manchmal kriegte ich einen Hals wie eine dänische Butterkeksdose, wenn ich da sah, was die für einen Scheiß verkaufen.

Eigentlich könnte ich jetzt Feierabend machen, in den Dorfkrug gehen, Bierchen trinken, was essen und mit anderen geistlose Plaudereien über Weltprognosen führen. Und so schichtete ich die Arbeit auf dem Schreibtisch von einem Stapel auf den anderen und wunderte mich, wie viel Arbeit hier herumlag, obwohl ich immer der Meinung war, ich hätte nix zu tun. Nun gut, was du heute kannst besorgen, verschiebe ruhig auf morgen beziehungsweise auf Montag. So beobachtete ich noch minutenlang den Bildschirmschoner, wie er mein Firmenlogo von einer Seite auf die andere Seite wandern ließ, um mein beschämendes Nichtstun zu verstecken.

Ich war so richtig versunken in meinen Screensaver, träumte von meinem nächsten Urlaub an der türkischen Adria, von dem glasklaren Wasser, durch das man an seichten Stellen jeden Stein auf dem Meeresboden erkennen kann, von den Leuchtreflexen, die das Meer türkisgrün bis tiefblau erscheinen lassen, und den verschwiegenen Buchten, in denen man baden, surfen, sonnen oder einfach auf der Schattenbank parken kann, als plötzlich das Telefon klingelte.

Ich hatte mich dermaßen erschrocken, dass ich fast vom Stuhl fiel. Die Nummer auf dem Display erschien mir unbekannt, konnte also nur ein Kunde sein und das am Freitag um diese Mittagszeit? Nun gut, konnte was Wichtiges sein und für meine Kunden war ich eigentlich immer erreichbar.

Ich legte meine Hand auf den Hörer, wartete taktisch klug und ließ es noch drei-, viermal klingeln. Schließlich wollte ich ja nicht den Eindruck erwecken, dass ich gelangweilt davor sitze und angestrengt den Bildschirm anstarre. Nein, man musste schon den Eindruck erwecken, ein viel beschäftigter Mann zu sein und dass das Klingeln eines Telefons eigentlich stört. So nahm ich den Hörer auf und meldete mich betont lässig, als wenn ich kurz vor einem Herzinfarkt sei.

»Haaallooo?«

»Ja, guten Tag, ich habe ihre Telefonnummer von einem Bekannten und würde mich für eine Rechtsschutzversicherung interessieren. Wann hätten Sie Zeit vorbeizukommen?«

Eine Empfehlungskundin, die mit einem Abschluss droht, so was mögen wir gerne. Ich musste überlegen und blätterte dabei laut in meinem terminlosen Terminplaner herum, um meiner Wichtigkeit besonderen Nachdruck zu verleihen.

»Äh, wo wohnen Sie denn?«

»In der Holperpiste drei, an der Boxengasse links.«

»Oh, das passt gut. Ich bin nachher ganz in ihrer Nähe, da könnte ich nach dem Termin vorbeischauen und mit Ihnen über unser neues Rechtschutzprogramm sprechen. Das wird so gegen 18 Uhr sein, wenn es Ihnen recht ist.«

»Das passt gut, ich bin den ganzen Nachmittag zu Hause. Bis nachher dann.«

Ich legte den Hörer auf die Gabel und fragte mich, warum ich den Termin so spät gesetzt hatte, am Freitag! Da war früh Feierabend angesagt, um am Abend fit und ausgeruht noch auf die Piste gehen zu können. Ich hätte doch auch gleich hinfahren können, ich Idiot. So beschloss ich, ihn einfach vorzuziehen und schon um 17 Uhr bei ihr aufzukreuzen mit der Ausrede, dass der Termin geplatzt sei, während ich schon unterwegs war.

Im Zuge der Scheinliberalisierung des Telefonmarktes, womit der Einzug der Handys in jedem Haushalt erfolgreich geglückt ist, ist man ja jederzeit erreichbar. Was haben wir nur damals gemacht, als es noch keine Handys gab. In Schlangen standen wir vor der Telefonzelle und warteten, die öffentliche Sprecheinrichtung nutzen zu können. Hat man dann das Glück, in dieser allseitig verglasten Zelle stehen zu dürfen, mangelte es meistens an Kleingeld oder der Hörer lag schnurlos daneben. Manchmal wurden sie auch mit einer öffentlichen Toilette verwechselt, wobei die Telefonbuchseiten als Toilettenpapier dienten. Das ist dann der Moment, wo man sich dann doch freut, dass es heute Handys gibt.

Mit den Dingern kann man aber auch alles machen. Man kann damit im Internet surfen, spielen, Nachrichten schreiben, Radio und Musik hören, Filme sehen und drehen, sich den Weg leuchten, Mathematik-Aufgaben rechnen, Fotos machen, jegliche Daten bestimmter Personen speichern, sich Daten zusenden lassen, Nachrichten abrufen, sauteure Klingelton-Abos abschließen, Termine in den Kalender eintragen, sich wecken lassen, mit der Stoppuhr den Weltrekord messen, andere ausspionieren und sogar telefonieren. Das ist Technik, die bewegt.

Apropos Telefonieren. Ich musste erst mal einen meiner Kumpels anrufen, um zu sehen, was am Abend überhaupt anlag.

»Hallo, Jürgen? ... Ja hi, du, was liegt heut Abend an? ... Ja OK, können wir machen, ich komme etwas später, hab noch einen Termin, dauert nicht lange. Schätze so sieben, halb acht können wir uns treffen. ... Ja gut, du kommst zu mir, OK, bis dann, Schau!«

Ich nahm meinen Aktenkoffer, legte meinen Laptop hinein und ein paar sinnlose, unverständliche Schriftstücke, damit es ein bisschen nach Lohnsklaverei aussah und ich dem Finanzminister die Freude damit verkündigen konnte, ihm die Hälfte meines Einkommens als Steuern schenken zu dürfen.

Da ich noch Zeit hatte, aber nichts anderes zu tun, kochte ich mir einen Kaffee und machte das Radio an:

»Und nun die Verkehrsnachrichten. Auf dem Golfstrom zwischen München und Hamburg kommen ihnen vier BMW-Plastikradkappen der 7er-Baureihe, eine rot karierte Burka mit Schleier von Aldidas und ein Sofa im Neo-Rokoko-Stil entgegen. Weichen Sie bitte nicht aus und überholen Sie nicht. Hubschrauber des ASB sowie eine Tankerflotte der Shellibar sind unterwegs.«

Was für einen Blödsinn, dachte ich mir und wechselte zum Sender Radio Ackerfurche:

»Meine Damen und Herren, es singt für Sie ein Mann mit dem Niveau eines Chansonnier den Schlager: schwarzer Afghane. Danach hören Sie die Regensburger Dreckspatzen mit ihrem neusten Hit: Wess Brot ich ess, des Lied ich sing.«

Ich drehte weiter zu Radio Alzheimer: »Ganz in Schweiß mit einer Gangsterbraut, so standst du vor mir und sahst wie Hildegard aus. Dein Rotz lief aus der Nase, dein Haar hing bis zur Blase …«

Ich schaltete den Brüllwürfel aus, bevor ich mir eine Mittelohrvergiftung hinzuzog, und widmete mich lieber einem Computerspiel.

Moorhuhn, das braune Huhn mit den Glubschaugen, von dem man möglichst viele abschießen muss. Ein Werbespiel, entwickelt für die schottische Whisky-Marke Johnny Walker. Nachdem ich nun Hunderte von Hanghähnen, Zwerghähnen und Wasserhähnen abgeschossen hatte und mir das goldene Ei nicht ausgehändigt wurde, stellte sich mir die Frage, ob es ein Leben nach dem Frikassee geben würde. Die Antwort blieb aus.

Ich spielte ein anderes Spiel. Solitär, das klassische Kartenspiel mit sieben Kartenstapeln war gefragt, das man alleine spielen kann. Ziel des Spiels ist es, Serien zu bilden, die abwechselnd aus roten und schwarzen Karten bestehen. Die Serien beginnen mit dem Ass und laufen hoch bis zum König. Ein Spiel für hochgradig bekiffte.

Schach, das Pokerspiel für den gebildeten Menschen. Ein hochinteressantes Spiel, bei dem man stundenlang vor dem Bildschirm sitzen kann, ohne zu kapieren, um was es eigentlich geht. Ein ultimativer Kampf zwischen Schwarz und Weiß. Eigentlich ein rassistisches Spiel, da grundsätzlich Weiß anfangen darf.

Die Zeit lief und es kam der Augenblick, wo ich mich fertig machen musste. So nahm ich meine Köfferchen, steckte mir noch zusätzlich drei Kugelschreiber ein, mit der Aufschrift meiner Agentur, eine besondere Form der getarnten Werbung mit dem Zweck, dass sich der Name in den Köpfen meiner Kunden einschleicht und hängenbleibt.

Mit meinem Navigationsgerät, ein Shell-Atlas aus dem Jahre 1977, fand ich die Straße auf Anhieb. Ein Parkplatz ganz in der Nähe war frei, sodass ich nicht lange laufen brauchte.

Eine Reihenhaussiedlung, ich witterte weiteres Geschäft, Gebäude-, Grundstückshaftpflicht-, Unfall-, Hausratversicherung, vielleicht Umfinanzierung der Hypothek mit einer Tilgungsaussetzungsversicherung, so was bringt hohe Provision. Eine verkaufsstrategische Erwägung wäre, sämtliche Unterlagen mitzunehmen und die durch ein Programm laufen lassen, das eine vermeintlich optimale Lösung zusammenstellt und Hoffnung für den Kunden, auf Geldeinsparung gibt.

1.2 Ihr Anblick erwärmt sofort mein Herz

Ich klingelte, die Tür ging auf und da stand eine Frau vor mir, die sich durch äußerliche körperliche Merkmale wie Proportionen, Gestik, Mimik und Körpersprache mir doch glatt den Atem verschlug.

Ihre Lippen, die in leicht nach oben strebenden Mundwinkeln mündeten, ihre schmale, ebenförmige, nicht zu sehr geschwungene Nase, hoch sitzende Wangenknochen, langen Augenwimpern und klaren blauen Augen ließen mich erstarren. Ihr Teint war leicht gebräunt und makellos glatt. Die Zähne erstrahlten in einem fast durchsichtigen Weiß, als wenn sie gerade von Karies und Parodontose freigewaschen worden waren. Eine Frau, von der jeder Mann feuchte Träume kriegen würde.

»Entschuldigung, dass ich früher komme, aber mir ist da eben der Termin geplatzt und bevor ich eine Stunde im Auto herumgammele, dachte ich mir, weil Sie ja erwähnten nachmittags zu Hause zu sein, ich versuch es mal etwas früher.«

»Kein Problem«, meinte sie, »kommen Sie rein. Lassen Sie uns ins Esszimmer gehen.«

Sie ging vor und ich inspizierte ihre Figur. Sie war nicht größer als 1,60, um die fünfzig Kilo schwer und ihr Body-Maß-Index dürfte demzufolge nicht höher als zwanzig kg/m² betragen. Ihr Hintern, der sich leider hinter einer Jeans versteckte, war geformt wie eine Cox Orange, mit dem man schon die Menschheit aus dem Paradies vertrieb.

»Möchten Sie was trinken«, fragte sie, »Kaffee, Wasser, Brause oder ein Bier?«

»Ach, wenn Sie mich so fragen, dann nehme ich doch gerne ein kühles Bier.«

Ihre Stimme klang wie ein Musikinstrument, war fein, klar und klingend, cremig und einfühlsam, spitzbübisch und überlegen. Sie klang wie Sahne schmeckt, bevor sie auf heißer Schokolade schmilzt, und so schmolz auch ich dahin.

Ich stellte meinen Aktenkoffer auf den Stuhl neben mir, holte mein Laptop raus und ließ ihn hochfahren. Dabei schaute ich mich um und bemerkte, dass sie nicht nur gut aussah, sondern noch Geschmack in punkto Einrichtung aufwies. Die Wände waren hell tapeziert mit beigefarbenen Gardinen, eine Lederpolstergarnitur in Terrakotta, einen Mahagonitisch, auf den eine Spitzendecke mit einem Porzellanaschbecher stand, und zwei Beistelltische aus Glas, mit Keramiktischlampen. An den Wänden hingen Bilder, die einen dekorativen Charakter hatten. Die Essecke und Vitrine war ebenfalls aus Mahagoni, auf dem Tisch ein Spitzenläufer mit Kerzen und ein rechteckiger Porzellanascher mit Chinamuster. In der Vitrine standen diverse Kristallschalen, Vasen und Gläser.

Als sie wieder rein kam, brachte sie zwei Flaschen Bier und zwei Gläser, stellte sie auf den Tisch und schenkte ein. Sie frönte also der maskulinen Leidenschaft, das fand ich ja mal was Neues. Manche meinen, Frauen und Bier wäre nicht ladylike, aber es gibt doch nichts Schöneres als mit einer Frau gleiche Interessen zu haben und sei es beim Biertrinken.

Ich erklärte ihr das Nonplusultra des Rechtschutzprogramms, erläuterte sämtliche Bedingungen, als hätte ich sie auswendig gelernt. Ich war nur noch am Reden, um ihr immer wieder in die himmelblauen Augen schauen zu können, die durch einen dezenten Lidschatten besonders betont wurden. Normalerweise dauern solche Gespräche in der Regel eine halbe bis dreiviertel Stunde, aber hier saß ich mittlerweile schon eine Ewigkeit und war immer noch am Reden, obwohl sie bereits erwähnt hatte, den Antrag zu stellen.

Sie holte das nächste Bier und ich sah ihr wieder hinterher, hinter dieser faszinierenden Figur, die so schön geformt und sexy war, dass mein ganzer Körper anfing zu prickeln und innerlich mein Herz erwärmte. Sie war eine wunderschöne Frau, mit einer angenehmen weichen Stimme, einer ausstrahlenden Intelligenz, einer Menschlichkeit, Fröhlichkeit, Freundlichkeit, eine Grazie, ein anmutiges Wesen.

Als sie das Esszimmer wieder betrat, spürte ich den Luftzug ihrer zarten Haut, der meine Wange streifte, und sie sprach mit einer Stimme, die so hell und klar war wie Klingen kleiner Glöckchen und sie hatte ein Lächeln auf den Lippen, das man küssen möchte.

Ich redete weiter, wich immer wieder vom Thema ab, um in ihre Privatsphäre zu gelangen, und schaute dabei immer wieder in ihre Augen, die so blau waren wie der Himmel an einem klaren Sommertag. Als sie das dritte Bier holte, packte mich die Neugier, wie alt sie eigentlich sei. Viele Frauen machen ja ein Gehabe um ihr Alter wie die Henne um ihre Eier, aber direkt fragen wäre taktlos. So bereitete ich den Antrag vor, eine besondere Form der Spionageausrüstung, mit der man solche Dinge zum Beispiel erfahren kann.

»Name und Anschrift hab ich schon, bräuchte jetzt mal Ihr Geburtsdatum bitte.«

»Juli 1958.«

1958, dachte ich mir, fünf Jahre jünger als ich.

»Den Namen Ihres Mannes und dessen Geburtsdatum bitte.«

»Ich habe keinen Mann, ich lebe seit einem Jahr in Scheidung«, erwähnte sie.

Sie lebte in Scheidung? Was musste das für ein Mann sein, der sich von so einer hübschen Frau trennt. Mit dem Aussehen und ihrer charmanten Art könnte sie in null Komma nichts zehn Neue an jeden Finger bekommen, aber vielleicht war sie noch nicht bereit für eine neue Beziehung oder hing noch an ihrem Mann. Ich wusste ja nicht, aus welchem Grunde hier geschieden wurde, ob sie sich getrennt hat oder er.

Sie unterschrieb den Antrag und ihre Unterschrift sah aus, als wäre eine besoffene Ameise durch die Tinte gelaufen. Der geschäftliche Akt war vollzogen, und um eine behagliche Atmosphäre zu schaffen, plauderte ich aus dem Nähkästchen und deutete indirekt auf mein jahrelanges Junggesellenleben hin.

»Noch ein Bier?«, fragte sie.

»Gerne«, antwortete ich und sie brachte zwei weitere.

Wir klönten über alle möglichen Dinge, über ihr Privatleben, über mein Privatleben, über ihren Job, über meinen Job und plötzlich hatte ich Zeit, die Verabredung mit meinen Kumpels geriet förmlich in Vergessenheit, wenn nicht das Handy geklingelt hätte. Ein Moment, in dem ich derartige Kommunikationsgeräte hasse.

»Hi Jürgen … Was, du stehst bei mir vor der Tür? Scheiße, hab dich total vergessen, bin nämlich noch auf Arbeit, dauert noch ein bisschen. Ja …, ja …, ja OK, ich komme dann dorthin.«

»Entschuldigung, war 'n Nachbar von mir, der auf mich wartet, weil wir noch was zu bequatschen haben.« Ich trank danach mein Bier ganz genüsslich aus, schaute immer wieder in ihre zauberhaften Augen und musste dann leider gehen.

»Ich werde mich dann mal so langsam auf die Socken machen. Vielen Dank für das mir entgegengebrachte Vertrauen und für das nette Gespräch, vielleicht könnten wir es ja bei einem Essen weiterführen.«

»Ja, das könnten wir machen«, antwortete sie.

Mensch, damit hatte ich ja nun gar nicht gerechnet. Mein Herz fing plötzlich an wild zu pochen und mein Puls erreichte weit über hundert Schläge pro Minute. Ich musste mich erst mal sammeln, um nicht zu stottern oder irgendwelchen Blödsinn zu reden:

»Äh, hm, wie sieht es mit morgen aus?«

»Ne, morgen geht nicht, da bin ich mit meiner Freundin unterwegs. Wir wollen ein bisschen shoppen und abends irgendwo was trinken.«

»Und Sonntag?«

»Auch nicht, da bin ich bei meinen Eltern den ganzen Tag, aber Montag ist ganz gut, wenn Sie Zeit haben.«

»Na klar hab ich Zeit! Chinesisch, Griechisch, Brasilianisch, Thailändisch, Türkisch, Jugoslawisch, Steakhaus oder Deutsch?«

»Chinesisch mit Frühlingsrolle und Knusperente, das mag ich am liebsten.«

»OK, dann hole ich Sie am Montag um 18 Uhr ab, ich freu mich.«

»Ja, dann bis Montag, ich freu mich auch.«

Im Auto ließ ich erst mal alles Revue passieren. Mein Gott, was war das für eine geile Frau, was für eine Figur, was für eine Ausstrahlung, was für eine Schönheit, was für ein Klasseweib. Die war ja wie Google, hatte alles, was man sucht. Ein toller Tag, der die ganze beschissene Woche wieder wettmachte.

Ich fuhr nach Hause, setzte mich in meine Kellerbar, öffnete mir noch ein Bier und pfiff mir eine Kuschelrock-CD nach der anderen ins Ohr. Dabei dachte an dieses zauberhafte Wesen mit den 90-60-90-Maßen und hoffte, dass das Wochenende schnell vergehen würde.

Es klopfte an der Kellertür, ich machte auf und Fanny stand davor, der bereits wieder auf dem Heimweg war, weil er nicht mehr ganz gerade stehen konnte. Eigentlich hieß er ja Klaus Dieter, wurde aber von jedem Fanny genannt, warum, wusste keiner. Wahrscheinlich litt er an einer gespaltenen Persönlichkeit und gab sich jetzt für jemanden anders aus.

»Ich hab noch Licht bei Dir gesehen und dachte, muss doch mal fragen, warum du heute nicht in den Krug gekomen bist. Die haben alle auf dich gewartet.«

»Komm rein, Alter, ich bin auch gerade wieder zu Hause. Du, ich hab heute eine Kundin gehabt, mein lieber Scholli, die hat das Aussehen von Sandra Bullock, das Lächeln von Shakira, die Frisur von Jamie Lee Curtis, die Ausstrahlung von Helene Fischer, den Charme von Catherine Zeta-Jones und die Figur von Claudia Schiffer. Eine Frau, um auf die Knie zu fallen und Gott zu danken, ein Mann zu sein.«

»Aha«, meinte Fanny nur.

»Allein schon bei dem Anblick ihrer Figur geht dir das Klappmesser in der Hose auf. So was hast Du noch nicht gesehen. Tolle blaue Augen und ein Mund, oh Mann, oh Mann, den könnt ich den ganzen Tag nur knutschen. Die passt wie Arsch auf Eimer. Mit der könnte ich mir den Rest meines Lebens vorstellen. Montag wollen wir Essen gehen, da muss ich voll meinen Charme spielen lassen.«

»Mensch, Gerd, du erzählst so, als wenn du morgen schon dein Junggesellenleben aufgeben willst. Vielleicht solltest du Montag erst mal abwarten, was passiert. Du kennst doch den Spruch: der Herr hat's gegeben, der Herr hat's genommen. Außerdem hast du mal gesagt, dass du niemals mit deinen Kunden was anfangen würdest. So und nun mach noch ein Bier auf.«

»Hallo, seit wann beratschlagst du mich? Scheint so, dass unser Gespräch am Dienstag dir was gebracht hat. Weißt du, solange man passiv bleibt und nicht weiß, wie man Frauen auf die richtige Weise anspricht, mit ihnen richtig flirtet, um sie erobern zu können, werden sie dir in der Regel leider nicht mehr als nur ein paar zurückhaltende Blicke schenken und niemals riskieren, sich dir gegenüber zu öffnen, heute nicht, morgen nicht und vermutlich auch nicht in einem Jahr.«

»Kann schon sein. Ich hab mal über unser Gespräch nachgedacht und irgendwie hast du auch Recht. Werde in Zukunft ein wenig aufpassen, dass solltest du auch tun. Du weißt doch, die meisten Frauen beurteilen Männer nach ihrem Geruch, am besten, wenn sie nach Geld riechen.«

Eigentlich hatte er gar nicht so Unrecht, vielleicht befand sie sich am Rande der Midlifecrisis, hat sich verabredet, weil sie Sehnsucht nach einem Familienleben auf einem naturbelassenen Bauernhof mit glücklichen Hühnern und freilaufenden Bäumen hatte oder sie war Nymphomanin und suchte was fürs Bett, um die nächste Kerbe in den Bettpfosten zu schnitzen. Ne, das glaubte ich nicht, den Eindruck hatte sie nicht gemacht. Aber das würde ich am Montag herausfinden.

Nachdem wir das Bier ausgetrunken hatten, war es bereits nach Mitternacht, Zeit, die Zelte abzureißen und ins Bett zu gehen.

1.3 Das Wochenende vergeht wie eine wandelnde Schlaftablette

Ich hatte eigentlich vorzüglich geschlafen, doch das Gespräch mit Fanny ging mir nicht aus dem Kopf. Vielleicht war sie wirklich nur ein Mensch, der ein warmes Nest suchte, und wer wusste schon, was sie sonst noch so für Allüren haben mochte. Ich kannte sie ja noch gar nicht und ob was draus werden würde, stand in den Sternen, aber irgendwie schwirrte sie mir immer wieder durch den Schädel.

Das Wochenende verging wie eine wandelnde Schlaftablette. Um mich zu beschäftigen, saugte ich die Terrasse, worauf der Staubsauger verstopfte und ich erst mal die Verdauungsstörung meines Teppichdackels beseitigen musste.

Nachdem ich ihn wieder zusammengesetzt hatte, blieben noch drei Schrauben, eine Feder und ein Stück gebogenes Plastikteil übrig. Eine nette Geste des Herstellers, Reserven zu schaffen. Eine Art Notgroschen für mechanische Geräte. Danach mähte ich den Rasen mit dem Temperament einer ostfriesischen Wanderdüne, bis Peter, mein Nachbar von nebenan, um die Ecke schaute und meinte:

»Du hast da was verloren«, worauf ich auf den Boden hinter, vor und neben mir schaute und suchte, »… an Geschwindigkeit«, setzte er seinen Satz fort. »Junge, komm her und lass den Rasenmäher stehen.«

Ich stellte den Rasenmäher zurück in den Schuppen und fand eine Ablenkung sehr entgegenkommend. So hatte ich was um die Ohren, war nicht mit den Gedanken bei ihr und hoffte, dass eine Unterhaltung die Zeit schneller schwinden lässt. Wir saßen in seiner Garage, die so groß war, dass neben seinem Auto noch Tisch und Stühle Platz hatten und so für das Wohlbefinden einer hauseigenen Kaschemme sorgte. Die Musik schallte aus dem Brüllwürfel seines Autos und beinhaltete meistens Country-Musik, überwiegend den Song von Johnny Cash ›Ring of Fire‹, sein Lieblingslied. Es dauerte nicht lange, da kam Jürgen, dann Fanny und schließlich auch noch Rolf, mein Nachbar von gegenüber. Alle waren sie ungebunden, bis auf Jürgen, der hatte seine Renate, und die war froh, wenn er unterwegs war.

»Wo warst du gestern?«, wurde ich gefragt.

»Ich hatte noch einen Termin, bei dem es spät geworden ist. Danach hatte ich keine

Lust mehr, war irgendwie ein wenig kaputt, muss wohl am Wetter gelegen haben.«

Fanny grinste, er schien nichts erzählt zu haben, was so auch besser war. Wenn alles nicht so klappte, wie ich es wollte, dann wäre nachher das Gelächter groß und ich bräuchte für den Spott nicht zu sorgen.

»Da ist eine neue Bewirtung am Tresen, ein flotter Feger, Portugiesin, 22 Jahre jung«, meinte Jürgen. »Die hat Schaumglocken, dazwischen würde ich gern mal frühstücken. Durch ihr T-Shirt konntest du die Nippel sehen, die waren riesig, bedeckten die halbe Brust, und der Bauch … oh lala, da möcht ich das Piercing sein.«

»Ist die mit 22 Jahre nicht ein bisschen zu jung für dich, Jürgen?«, meinte Fanny. »Aber du wirst ja schon bei dem Anblick eines Damenfahrrades geil.«

»Ha, ha, zu jung gibt es nicht, nur zu eng, und das ist ein dehnbarer Begriff. Lieber Schweinegrippe von einer geilen Sau, als BSE von einer blöden Kuh. Wisst ihr eigentlich, wie man den Bauchnabel einer Frau am schnellsten findet? Wenn du mit dem Zeigefinger über den Rücken hinunterfährst und wenn der dreimal einrastet, dann hast du ihn gefunden.«

Alles fing an zu lachen, bis auf Fanny, der wohl an Hirninkontinenz litt, blöd aus der Wäsche schaute und den erheiterten Humor nicht verstand. Verstand ist eben die Fähigkeit, komplexe Sachen zu erfassen, was allerdings nur intelligenteren Menschen vorbehalten ist. Schon in seiner Jugend erlebte er einen schweren Schicksalsschlag, als er bei einer Geschwindigkeit von 7 km/h von seinem Dreirad gerissen wurde und daraufhin ohne Schutzbekleidung von seiner Haustür bis zum Briefkasten an der Ecke gerutscht ist. Die Ärzte bezweifelten damals, ob er nach diesem schweren Unfall, wobei er sich leichte Schürfwunden hinzugezogen hatte, je wieder ganz der Alte werden würde, doch Fanny war entschlossen zu kämpfen und er hatte gekämpft.

Nachdem sich alle wieder beruhigt hatten, dauerte es keine zwei Sekunden und der unterhaltsame Lachflash fing von neuem an. Dann wurde es still, eine gefräßige Stille, wo es einfach nichts zu hören gab.

»Na ja«, unterbrach Peter die Stille. »Die würde ich auch nicht von der Bettkante stoßen.«

»Ich ja«, meinte Jürgen. »Aufm Fußboden ist doch viel mehr Platz.«

»Irgendwie habt ihr doch alle einen an der Waffel«, mischte ich mich ein. »Schon mal drüber nachgedacht, wie alt ihr seid? Das könnte eure Enkeltochter sein. Ich kann mir so richtig vorstellen, ihr mit der Lütten in der Disco bei Techno und Hip Hop bis morgens um fünf, danach Poppen ohne Stoppen, da denken die Nachbarn doch, ihr geht zum Sterben zu ihr nach Hause, oder meint ihr, dass sich so ein junges Mädchen mit fünf Minuten Blümchensex begnügt?«

»Du musst nicht immer alles so schwarzsehen ... anderseits wäre das schon ein schöner Tod. Appetit kann man sich ja holen, hungern tut man dann zu Hause«, bekam ich von Jürgen zur Antwort.

»Jedenfalls ist es schon eine Augenweide und das fördert bestimmt auch den Umsatz, da trinkt man gern ein, zwei Bier mehr. Du kannst mit ihr reden, sie hört dir zu, was willst du mehr«, äußerte sich Rolf zu diesem Thema. »Peter, so eine solltest du dir für deine Garage anschaffen, dann bräuchten wir nicht immer in den Krug zu gehen.«

»Dat kunn jo so passen, dann kaam ik jo all ja nie los. Ne, ne, wenn, dann bi mi to Huus. Do kann se mi dann bloot mid de Servierschoert un Blecksteert dat Beer holen.«

»Ha ha, Peter, du kannst mit so was gar nichts anfangen. Die sucht was fürs Herz und nicht so einen alten Bock wie dich«, entgegnete Fanny schwelgerisch, als wenn er der Meinung wäre, dass ausgerechnet er sich Hoffnung bei ihr machen könne.

Irgendwie ging mir das Gespräch auf den Sender. Diese notgeilen Jungs dachten nur ans Pimpern. Peter war viel zu alt für so was, war bereits Rentner und seit über zwanzig Jahren verwitwet, der wusste gar nicht mehr, wie es funktioniert. Fanny, der jüngste von uns, noch nie einer Tussi untern Rock geschaut, hätte schon beim ersten Kuss ejakuliert. Rolf war gerade geschieden und Jürgen … wenn dem jetzt die Eier explodiert wären, hätte der keine Hände mehr gehabt.

»Mir knurrt so langsam der Magen, muss mir erst mal was zu essen machen, bevor ich hier elendig verhungere,« sagte ich. »Bis dann.«

»Kommst du heute Abend mit in den Krug? Kannst dir die Bedienung mal ansehen, dann weißt du, von was wir reden.«

»Kann ich machen. Peter, wenn du hinfährst, dann kannst du mich mitnehmen.«

Ich verschwand in meine Wohnung, braute mir irgendwas zusammen, was gerade mein Kühlschrank so hergab, und sah dabei fern. Schon waren meine Gedanken wieder bei ihr. Morgen würde erst Sonntag sein, was sollte ich da nur machen? Vielleicht gehe ich aufn Fischmarkt, dachte ich, dann wäre schon ein Teil des Tages verstrichen; und den Rest, na ja, mal sehen, den kriege ich auch irgendwie rum.

Im Fernseher lief nur inhaltloser Mist, Serien, die bereits 15.000-mal gezeigt wurden, so beschäftigte ich mich mit lesen. Doch so in den Stoff hineinknien konnte ich mich auch nicht. Ich musste immer wieder an sie denken. Was machte sie wohl jetzt, dachte sie vielleicht auch ein bisschen an mich oder war ich nur ein Flirt für sie?

Ich räumte die Wohnung auf, machte sauber, wischte Staub, putzte die Fenster, saugte den Fußboden, scheuerte das Badezimmer und feudelte den Fliesenboden in Küche, Flur und Bad. Zwischendurch jagte ich die Gardinen durch die Waschmaschine, hängte sie tropfnass auf und sofort bemerkte ich den angenehmen Duft von Bergfrühling und Aprilfrische.

Inzwischen war es Abend geworden und es wurde Zeit, mich los zu machen. Eigentlich hatte ich gar keine Lust, aber ein bisschen Abwechslung tat mir gut, um von meinen Gedanken freizukommen. Peter wartete bereits in der Garage und so fuhren wir auch gleich los in das fünfhundert Meter entfernte Nirwana.

»Hi Mädels«, begrüßte ich die anderen Jungs, »hab Ihr mir schon ein Bier bestellt?«

»Ne, wir wussten ja nicht, wann ihr kommt. Hier, nimm meins, ich bestell mir gerne ein neues. Hallo, Marisa, machst du mir noch ein Bier!«

Die Kellnerin drehte sich um und … Boah, die Jungs hatten Recht, kein schlechtes Gerät, sie war schon ein klasse Weib. Rassig, schwarze schulterlange Haare, dunkelbraune große Augen, die allerdings zu stark mit Lidschatten betont wurden, einen knallig roten Mund und die Wangen waren geschminkt wie die von Rotbäckchen. Ihre schmale Nase betonte besonders ihr farbenfrohes Gesicht, aber ihre Figur war traumhaft schlank. Sie trug einen kurzen Rock und eine zum Zerreißen gespannten Bluse, hinter der sich zur Körperproportion ein zu großer Busen verbarg. Ich mag es lieber kleiner, so eine gute Handvoll, an dem man ausgiebig spielen kann.

»Na, zu viel versprochen?«, sprach mich Jürgen an, der der Bewirtung mit lechzenden Augen hinterherschaute, dass, wenn seine Blicke schwängern könnten, sie jetzt mit dickem Bauch herumlaufen würde.

»Ne ne, das ist schon ein flotter Käfer, aber nicht so mein Ding, wenn man vom Alter absieht. Die ist mir zu aufdringlich geschminkt, hat wohl ihr Make-Up mit der Maurerkelle verspachtelt, die reinste Kriegsbemalung, muss sich doch mit Hammer und Meißel abschminken, und wer weiß, in welche Spiegelwelt sich die graue Maus dann bewegt. Gesellschaftliche Anerkennung gewinnt man mit einem IQ, aber nicht durch ein aufdringliches Schminken.«

»Mann, sieh doch nicht immer alles so negativ. Man muss sie ja nicht gleich heiraten, so ein bisschen dideldum, mehr will man doch nicht. Kein Wunder, dass du immer noch solo bist.«

»Ich hab da eben meine eigene Vorstellung von einer Frau. Nichts gegen Schminke, ist gut für die Psyche einer Frau, damit sie sich nicht nackt fühlt, aber es sollte in Maßen bleiben. Und guck mal: an den Armen, lauter bunte Bilder, und ein Arschtattoo hat sie auch noch. Ja, wenn ich mit einem Bilderbuch ins Bett gehen will, dann nehme ich mir eine Kinderlektüre.«

»Du hast aber auch immer was zu nörgeln, ich glaub, deine Traumfrau muss erst geboren werden.«

»Möchtest du noch ein Bier?«, fragte mich die Bedienung, als sie sah, dass mein Glas leer war.

»Ja, eins und eine Umarmung von dir, denn deine Schminke reicht für uns zwei.«

»Findest du, dass ich zu sehr geschminkt bin?«

»Auf jeden Fall. Ich glaube, wenn du dich dezenter schminken würdest, siehst du bestimmt viel interessanter aus. Denke dran, ein Blick sagt mehr als tausend Worte. Das ist aber nur meine Meinung, was du im Endeffekt machst, musst du selber wissen. Die einen mögen es, die anderen nicht so sehr. Aber ein Bier bekomme ich trotzdem, oder ne, mach mir lieber ein Wodka Cola.«

Der Abend verlief eigentlich wie immer, man sprach über Frauen, Traktoren und andere Dinge, schaute immer wieder vorsichtig zur Kellnerin, dachte sich seinen Teil, bis Rolf der Meinung war, dass unser Jüngster mal wieder dran war, sein Leben zu verbittern. So flüsterte er mir ins Ohr:

»Gerd, ich hab Fanny erzählt, dass die Portugiesin bei mir in die Dachgeschosswohnung einzieht, du musst jetzt mitspielen, Fanny baggert nämlich um sie, obwohl sie ihm bereits mehrmals vermittelt hat, dass sie kein Interesse hat. Außerdem ist sie in festen Händen, was Fanny allerdings nicht weiß. Ich hab mit ihr geredet und sie spielt mit.«

Und so sprach ich die Bedienung in einem vernehmlichen Ton an: »Ich hab gehört, du ziehst bei Rolf ein. Dann sind wir ja direkte Nachbarn und sehen uns öfters. Mensch, dann können wir ja mal in Rolf seinem Schwimmbad so eine richtige Poolparty feiern, so mit allem Drum und Dran.«

»Oh ja, da hätte ich auch mal wieder so richtig Lust drauf. Hatte früher mal eine Poolparty im Teich meiner Oma veranstaltet, als die nicht da war. Das war schon fast Swinger-Atmosphäre, echt geil.«

»In meinem Pool sind aber Textilien nicht erlaubt«, unterbrach Rolf die Bedienung.

»Das ist für mich kein Problem«, sprach sie weiter. »Am FKK-Strand muss man ja auch seine weiblichen Reize freizügig präsentieren. Und ich finde es aufregend, von den Männeraugen gierig verschlungen zu werden. Kann sein, dass sich aus solchen Umständen sogar spontaner Sex ergibt, ich bin da weltoffen. Ich bringe dann am besten noch ein, zwei gleich gesinnte Freundinnen mit.«

»Hört sich gut an«, meldete ich mich zu Wort. »Mit den Reizen sollte man auch nicht geizen. Ich freue mich schon jetzt auf diese Poolparty, mit viel nackter Haut. Und was sagst du dazu, Fanny? Sahne vom Bauch schlecken, Champagner aus dem Bauchnabel schlurfen, dann im Pool wie ein Raubtier auf die Jagd gehen, da man ja weiß, dass das Opfer nicht entkommen kann, und hinterher eine sanftmütige Massage bis zum Exzess.«

Fanny ignorierte das Gerede, hätte gerne so was mal ausprobiert, um dann davon süchtig zu werden. Leider fehlte ihm als Dauersingle die Erfahrung, nackt vor einer Frau zu stehen, ohne dabei gleich zu explodieren. Eigentlich sind die Mädels nur der Mittelpunkt und wir Männer der Kreisverkehr, da kann es schon mal zu einer Kollision kommen, oder auch nicht. Bei Fanny war ich der Meinung, der würde jede nehmen, nur um das Gefühl zu umgehen, alleine zu sein. Doch er spielte immer in der falschen Liga, vergriff sich an Frauen mit einem wesentlich größeren Erscheinungsbild und einem IQ, den er nicht annährend erreichte. Er meinte immer, dass sie früher oder später zu ihren Gefühlen stehen mussten, wenn er nur lange genug um sie herumscharwenzelte. Doch dazu kam es nie, alle haben sie ihm ihre Schenkel verweigert.

Zwischenzeitlich hatte er sich abgesondert und hockte wieder bei irgendwelchen anderen Mädels herum, die er aus seiner Schulzeit kannte. Geschmack hatte der Kerl ja, das musste man ihm lassen, und langsam musste er mal die Notbremse ziehen, um aus seinem Teufelskreis zu entfliehen. Es liegt zwar in der Natur des Menschen, vernünftig zu denken und unvernünftig zu handeln, aber doch nicht ständig.

1.4 Sie geht mir einfach nicht aus dem Kopf

Es war bereits nach Mitternacht, als ich wieder zu Hause war. Ich legte mich sofort ins Bett, denn die diversen Wodka Cola machten mir arg zu schaffen. Die Mischung haut selbst einen Barfüßigen aus den Socken.

Als ich aufstand, war es schon Mittag, eine ungesunde Zeit zum Frühstücken. Ich ging ins Bad, schaute in den Spiegel und erschrak. Ich sah aus, als sei ich auf einem Schrottplatz aufgewachsen. Meine Haare glichen einer Klobürste, mein Gesicht als wenn ich mich mit einer Radkappe rasiert hätte und sogar die Falten bekamen Falten.

Normalerweise weiß man ja, dass unter der ruhigen Wasseroberfläche eines Sees keine schneebedeckten Berge, Hügel, Bäume oder sonstige Landschaften zu sehen sind. Anderseits musste man erst die Erfahrung als Kleinkind machen, nicht auf einen Spiegel zuzulaufen, weil man darin die Mutter gesehen hatte.

So duschte ich erst mal eine halbe Stunde, um einen klaren Kopf zu bekommen. Dann rasierte ich mich gründlich und schmierte mir reichlich Creme ins Gesicht, um meinen Teint aufzufrischen. In der Küche kochte ich mir einen besonders starken Kaffee, einen Auferstehungskaffee, der so schwarz war, dass man meinen konnte, der finge gleich an zu rappen.

Es klingelte, ich ging zur Tür, machte sie auf und frisch und munter stand Fanny da.

»Ich wollte nur mal sehen, wie es dir geht. Du hast ja gestern ganz schön einen in der Birne gehabt, bist sogar stehend vom Hocker gefallen und meintest, dass du nur da liegen würdest, weil du dich freust.«

»Komm rein, Alter, Kaffee ist fertig.«

Wir gingen mit unseren Kaffeebechern runter in die Kellerbar. Ich machte ein wenig Background-Musik an und fragte neugierig:

»Mensch, was ist bloß gestern los gewesen, dass ich so abgestürzt bin?«

»Naja, du mit deinem Wodka, ist ja kein Wunder, deswegen bleib ich immer beim Bier.«

»Die hat mir da aber eine Mische zusammengeplanscht, als wenn sie mich abschleppen wollte. Aber doch nicht so, besoffen kriege ich keinen mehr hoch und der ultimative Kick für sie ist es dann auch nicht.«

»Und wie gefällt dir Marisa?«, fragte Fanny.

»Oh Gott …, wer war das denn …?«

»Na die Bedienung hinter dem Tresen gestern«, erinnerte mich Fanny.

»Ach die mit den dunklen Haaren! Ja stimmt, das war die mit der Bluse, die kurz vorm Platzen war. Richtig, ja, die hatte schon ne Topfigur. Wenn sie noch ein bisschen heranreift und ich mich zum Dreikäsehoch entwickle, dann könnte man da was draus machen.«

Ich bemerkte ein nervöses Zucken um seine Mundwinkel, die sich plötzlich nach unten zogen und zunächst eisernes Schweigen bewirkten, doch dann übermannte ihn sein Wissensdrang:

»Sie zieht bei Rolf in die Maisonetten-Wohnung ein, hab ich gehört.«

Mir fiel das Gespräch mit Rolf ein, an den Schabernack den wir trieben, an unsere Hinterlistigkeit, ihn aus der Reserve zu locken. Es führte kein Weg zurück, ich musste der Tatsache weiter ins Auge sehen, konnte meinem Nachbarn nicht jetzt in den Rücken fallen und so antwortete ich:

»So viel wie ich weiß, soll sie bereits nächste Woche bei ihm einziehen. Aber da musst du Rolf fragen, der weiß mehr.«

»Und dann wollt ihr bei Rolf Poolpartys machen?«

»Fanny, du weißt doch, die Wollust ist so ungeheuerlich, explosiv und berauschend, dass man seiner Sinne nicht mehr mächtig ist, in einen Rausch verfällt und viele Dinge erzählt, die man vielleicht gar nicht so meint. Aber wenn doch, so hab ich da keine Probleme mit, bin Solo und brauch auf niemanden Rücksicht zu nehmen.«

»Aber du kennst sie ja gar nicht, kannst dann doch nicht gleich wilde Orgien mit ihr feiern.«

»Warum nicht? Es ist nicht das Rauschmittel Weib allein, das man verurteilen muss, sondern die Berauschung selber, die uns Männern in den Sinnestaumel versetzt, an solchem Wellness-Gelage mitzumachen. Aber du bist ja mit von der Partie und wirst sehen, was man für einen Spaß dabei haben kann. Es muss ja nicht gleich bis zum Äußersten ausschweifen.«

»Ne, das ist nichts für mich. Hab gedacht, dass sie ein bisschen frigider ist.«

»Sag mal, hast du dich in die Lütte verknallt? Mensch, Fanny, du bist doppelt so alt wie sie.«

»Verknallt nicht, aber ich find sie klasse.«

»Hör auf, das ist nichts für dich. Mit ihren bisherigen Liebschaften kannst du doch gar nicht konkurrieren. Wahrscheinlich ist sie ja nur eine unersättliche Aphrodite. Such dir was Reiferes, mit der du auch über Alltagsprobleme sprechen kannst, an der du dich anlehnen kannst und ihre Interessen teilst, die dich versteht und dir zuhört, aber nicht so ein junges Huhn. Da verrennst du dich in eine Sackgasse, glaub mir das.«

»Naja, wir werden sehen«, entgegnete er, trank seinen Kaffee aus und ging. Wahrscheinlich wieder in den Krug, um seine Chancen weiter zu testen. Doch die Chemie stimmte nicht zwischen den beiden und so würde sie ihn auch nicht zum Leben erwecken und mit ihm ausgehen, zumal sie ja auch in einer festen Beziehung stand. Für uns war es ja nur ein Ulk. Ich glaube auch nicht, dass sie von solchen Partys begeistert war. Und ich, ich war dazu eher konservativ eingestellt.

Ich legte mich aufs Sofa, schaltete den Fernseher ein und wartete, dass meine Kopfschmerzen verschwanden. Viele meinen, dass eine Nummer im Stehen die beste Arznei wäre, aber die kleine Süße von vorgestern ist leider nicht in der Nähe. Ja, die hätte meine Kopfschmerzen in Lichtgeschwindigkeit verfliegen lassen können. Am nächsten Abend, da würde ich sie sehen und mit Gespanntheit darauf lauern, was der Abend uns so bringt.

Ich fing an zu träumen, sah vor mir das tiefblaue Meer und den feinsandigen Strand, atmete tief ein und spürte die salzige Seeluft auf meinen Lippen. Die Schuhe zog ich aus, um barfüßig den warmen, weichen Sand zu spüren. Dann ging ich hinunter ans Wasser, wo die kleinen Wellen um meine Füße flossen, sich zum Strand bewegten und wieder zurück ins Meer schwappten. Mein Blick schweifte über das weite Meer und ich genoss diesen Moment, der mich entspannte.

Der warme Sand lud ein, mich ihm zu ergeben und so legte ich mich hin und ließ meinen Körper von der Sonne erwärmen. Kaum ein Mensch war zu sehen, nur von Weitem jemand, der am Ufer entlangjoggte. Ich blickte zur Sonne, die mit ihren warmen Strahlen mein Gesicht streichelte und es erhitzte. Der Jogger kam näher und entpuppte sich als eine Joggerin. Mit blinzelnden Augen sah ich sie immer näher kommen und plötzlich erkannte ich sie. Es war die Frau, nach der ich mich sehnte und den morgigen Tag nicht erwarten konnte. Sie trug ein figurbetontes weißes Top mit Rundhalsausschnitt und anthrazitfarbene Shorts mit seitlichen weißen, halbhohen Schlitzen.

Ihr Schweiß durchdrang das Top und man konnte ihre zarten Brüste sehen, die sich im gleichen Rhythmus mit ihren Füßen auf und ab bewegten. Ein himmlischer Gedanke, ihr jetzt ganz nahe zu sein und den Duft ihrer Hautausdünstung zu schmecken, ihren feuchten Busen zu berühren und meine Zunge an ihren Körper entlanggleiten zu lassen. Doch sie winkte nur, warf mir einen Handkuss zu und lief weiter. Ich stand auf, um hinterherzulaufen, als ich plötzlich von einem Geräusch geweckt wurde.

Es klopfte an der Terrassentür, ich öffnete die Augen und sah, dass Rolf davor stand. Langsam erhob ich mich, bemerkte, wie dunkel es bereits war, schaltete eine Tischlampe an und das gleißende Licht beraubte mich meines Augenlichts. Draußen auf der Terrasse waren Bewegungsmelder angebracht und in den Beeten liefen die Lampen über eine Zeitschaltuhr, die den Garten hell erleuchteten. Orientierungslos begab ich mich zur Terrassentür und öffnete sie.

»Hast du schon geschlafen?«

»Ne, ich bin nur ein wenig eingenickt gewesen, was gibt es so Dringendes?«

»Mir ist ein Missgeschick passiert, ich hab mich aus Versehen ausgesperrt. Ich brauche mal den Ersatzschlüssel.«

»Kein Problem, ich hol ihn und komme rüber.«

Ich schaute auf die Uhr, es war bereits nach zehn und ich fragte mich, was er um diese Zeit draußen machte. Der Schlüssel lag in der Schublade im Flur und als ich rausging und in meinen Teich sah, bemerkte ich, dass dicke Tropfen wellenartig die Wasseroberfläche auseinanderdrückten. Dann traf mich ein Tropfen direkt auf die Nase. Er war kühl und erfrischend und lief langsam über mein Gesicht. Ich bewegte meine Nase, um ihn abzuschütteln, doch da kam schon der nächste und dann noch einer, und noch einer und im Nu goss es wie aus Eimern. Mein hellblaues Hemd verfärbte sich zu Dunkelblau und meine Hausschuhe versanken buchstäblich in den Pfützen.

Ich schloss Rolf auf und sprintete durch den Regen, der wie Paukenschläge auf meinen Rücken trommelte, als wäre ich mit einer neunschwänzigen Katze ausgepeitscht worden, bis ich meine überdachte Terrasse erreichte.

Meine Hose klebte an den Beinen, mein Hemd an der Brust, meine Haare trieften und die Hausschuhe waren schwer wie Blei. Ich schüttelte die oberflächigen Wassertropfen ab, ging hinein, zog mich aus, legte die nassen Klamotten auf die Heizung und begann zu frieren. Das warme Bett rief und so kuschelte ich mich in meine Daunendecke und schlief auch gleich ein.

1.5 Mein Herz rast und die Hand, die den Autoschlüssel hält, zittert

Der Montag kam, ich stand früh auf, ging ins Büro und beschäftigte mich mit den liegengebliebenen Sachen vom Freitag. Die Rechtschutzversicherung musste ich noch fertig machen, einen neuen Stammsatz in den Computer eingeben und den Antrag registrieren. Danach rief ich bei einigen Stammkunden an, um mich zum Kaffeetrinken einzuladen, damit die Zeit vertrieben wurde.

Als ich ins Büro zurückkam, war es bereits fast 17 Uhr. Schnell duschen, die Stoppeln aus dem Gesicht entfernen, damit die Haut schön glatt war, und ordentlich After Shave benutzen. Ein weißes Hemd von Sigma, ein Krawatte von Karl Lagerfeld und einen Anzug von Tommy Hilfiger. Zwei, drei, vier Spritzer noch von Hugo Boss Bottle und ich fand mich perfekt.

Pünktlich um 18 Uhr stand ich vor ihrer Tür. Mein Herz raste und die Hand, die den Autoschlüssel hielt, zitterte. Es war heute kein gewöhnlicher Abend, es war ein Rendezvous mit der reizvollsten Frau, die ich kannte. Ich zitterte also vor Freude, wenn man so will. Hoffentlich mach ich nichts verkehrt, dachte ich. Ich klingelte und die Tür ging auf.

Jesses Maria, da stand sie, hatte ein schwarzes knielanges Kleid an, das ihre Figur optimal betonte, trug eine dezente, aber hübsche Halskette und ließ mir einen Einblick in ihr Dekolleté gewähren, was meine Phantasie sofort beflügelte.

»Hallo, kommen Sie doch rein, ich bin gleich fertig.«

Ich ging ins Esszimmer, setzte mich auf den gleichen Stuhl wie vor drei Tagen und schaute mich um. Es schien alles so super sauber zu sein, kein Staubkorn war zu sehen, alles clean. Es roch nach erfrischendem Reinigungsmittel, nach Apfel mit gespickten Gewürznelken, so nach Auto-Enteiser. Nach einigen Minuten kam sie ins Esszimmer und sagte:

»Wir können jetzt los.«

Als Kavalier der alten Schule öffnete ich erst die Beifahrerseite, ließ sie einsteigen, schloss leise die Tür und stieg dann auch ein.

»Zu welchem Chinesen fahren wir denn?«, fragte sie und just in diesem Moment breitete sich eine Pleite in meinem Kopf aus, eine Bewusstseinstrübung, eine plötzliche Erinnerungsstörung, ein Gedächtnisschwund, ein Blackout. Chinesen gibt es wie Sand am Meer, wieso fiel mir jetzt keiner ein? Ständig hing ich bei irgendwelchen Chinesen rum, weil ich zu faul war zum Kochen, und nun, nun wusste ich nicht, wo einer war.

»Lassen sie uns zu Mister Ying und Yang fahren«, fuhr sie fort. »Der ist nicht so weit von hier.«

Ich nickte verständnisvoll, nuschelte ein »ja, gerne« und ärgerte mich darüber, auf einmal an einer Gehirnbulimie zu leiden. Nicht, dass ich ein weltfremder Spinner war, aber schließlich ging es ja darum, ihr zu zeigen, dass auch ich Chinesen kannte. Vielleicht auch, meine Aufmerksamkeit damit zu beweisen und dass ich ein bisschen mehr sein mochte als nur ihr Vertreter. In solchen Situationen versagte ich immer katastrophal. Irgendwas lief immer schief. Hoffentlich stottere ich nicht noch den ganzen Abend, dachte ich, oder bohr in der Nase, um nach einem Gesprächsstoff zu suchen.

Der Motor schnurrte sanft, die Armaturen leuchteten und Musik von den Righteous Brothers ertönte aus den Lautsprechern. Vorsichtig löste ich meinen Fuß von der Kupplung, was mit meinen nagelneuen, noch nie getragenen Lederschuhen gar nicht so einfach war. Forsch trat ich aufs Gaspedal, plötzlich blinkten alle Warnsymbole und der Motor starb ab. Scheiße, dachte ich, so was ist mir ja noch nie passiert, wie ärgerlich, so ein Mist. Anstatt kurz zu lachen und es dann nochmals zu versuchen, sagte ich:

»Sie sehen bezaubernd aus.«

»Danke«, erwiderte sie, »Ihre Krawatte sieht auch interessant aus.«

Ich hatte es gewusst, die nächste Scheiße trat ein, sie fand meine gestreifte Krawatte zum Kotzen, hätte ich bloß keine umgebunden.

Der zweite Versuch, das Auto zu starten, gelang und wir fuhren los. Ziel war der Chinese Ying und Yang. Eine Konversation im Auto wollte einfach nicht zustande kommen, warum nur? Ich war doch sonst nie um ein Wort verlegen. Im rechten Augenwinkel sah ich, wie sie mich musterte und dabei ein wenig lächelte. Sie lachte bestimmt über meine Unsicherheit, die mich wie das Mauerblümchen-Dasein schweigen ließ. Möglicherweise wartete sie auf den ersten Schritt, wusste aber nicht, dass ich im Kopf zehn Schritte weiter war.

Ein Parkplatz direkt vor dem Laden war frei, ich öffnete ihr die Tür, ließ sie aussteigen, schlug die Tür zu und da war es wieder passiert, meine Gedankenlosigkeit, meine Unachtsamkeit, meine Zerstreutheit, wie peinlich. Ihre Handtasche klemmte in der

Tür. Am liebsten wollte ich jetzt meinen Kopf gegen die Wagentür schlagen, aber damit hätte ich wohl meine Sympathien total verspielt. Ich öffnete nochmals die Tür und ließ die Tasche herausspringen.

Wir gingen ins Lokal, dessen Einrichtung aussah, als wäre es aus irgendwelchen Kung-Fu-Filmen geklaut worden. Als ich ihr einen Platz direkt am Fenster anbot, zeigte ich mich als Kavalier und rückte ihr den Stuhl zurecht, wobei ich fast über das Tischbein gestolpert und der dicken Frau vom Nebentisch in den Ausschnitt gefallen wäre.

Ich setzte mich und bedingt durch meine unfreiwillige Slapstick-Einlage kam ein kurzes Gespräch ins Rollen, bis der Kellner uns unterbrach und die Speisekarten präsentierte, die ich erst mal ausführlich studierte.

Wenige Sekunden später war der Kellner wieder da und sprach in einem chinesischen Hochdeutsch:

»Was löchteln Sie linken, litte?«

»Wollen wir ein Bier trinken?«, fragte ich sie, worauf sie mir zunickte. »OK, dann bitte zwei kleine Bier und zu Essen weiß ich auch schon, so wie ich letztens verstanden habe, möchten Sie vorweg eine Frühlingsrolle und dann Knusperente, stimmst?«

»Erstaunlich, wie Sie sich das gemerkt haben, aber bitte mit brauner Soße und wenig Gemüse.«

»Ich nehme das zweimal gebratene Schweinefleisch und auch vorweg eine Frühlingsrolle.«

Der Kellner schrieb auf, verschwand und brachte kurz darauf die Getränke.

»Sie sind Charmant und aufmerksam, ein Kavalier der alten Schule, verhalten sich höflich und zuvorkommend. Sind sie immer so?«

»Man tut, was man kann, wenn man schon die Gelegenheit hat, mit einer so schönen Frau essen zu gehen.« Ich errötete leicht bei diesem Satz und mein Herz fing an wild zu schlagen.

»Danke für das Kompliment.«

Dann brannte es mir auf der Zunge, sie zu fragen, ob wir uns nicht duzen sollten, wozu ich mich wiederum nicht traute, aber es vom Inneren her wollte, ohne mich dabei aber umständlich auszudrücken und das eigentlich Wichtige nicht zu verschweigen. Aber was dachte ich da lange um den heißen Brei herum; nur Mut, sprach die innere Stimme zu mir.

»Ich hätte da mal eine ganz persönliche Frage, ich meine, nicht dass Sie mich missverstehen, es ist nur eine Frage und Sie müssen nicht darauf antworten. Ich meine, wir sind zwei erwachsene Menschen, also keine Kinder oder Teenager mehr, sind auch in einem Alter, wo man nicht lange um den heißen Brei reden sollte. Aber … nicht, dass Sie jetzt denken, ich wäre respektlos oder unhöflich, nein, das will ich nicht sein. Gut, im Endeffekt kennen wir uns ja noch nicht lange und vielleicht ist es auch unpassend, gleich mit der Tür ins Haus zu fallen, wenn Sie verstehen, was ich meine, aber …«

Sie legte ihre Hand auf meine, als wollte sie damit andeuten, dass ich mich beruhigen sollte, und sprach:

»Was möchtest du mir sagen?«

Mir zitterten die Knie, meine Füße wurden kalt, die Hände schwitzten, das Herz klopfte, ich schien sogar Lähmungserscheinungen zu bekommen. Mann, ich war ein erwachsener Mensch, dies war nicht meine erste Verabredung. Es hat schon viele rossige Stuten gegeben, die den Hengst von der Weide holen wollten, aber jetzt benahm ich mich hier wie beim ersten Date. Aber hörte ich da nicht ein *Du* aus ihrem Munde, ja, natürlich!

»Ja und genau …« Ich atmete erst mal tief durch und sprach dann weiter: "Das habe ich gemeint. Ist doch viel vertraulicher, wenn man sich duzt, ohne dabei die Wertschätzung des anderen zu verlieren. Ich heiße Gerd und freu mich mit dir hier zu sein.«

»Ich heiße Eva und prost auf unser Du.«

Ich war auf einmal so happy und plötzlich kam es mir vor, als wenn es das Sie nie gegeben hätte.

Durch das Du war das Eis irgendwie gebrochen. Wir redeten einer nach dem anderen, als hätten wir uns Jahre nicht gesehen und nun einen Plauderrückstand aufzuholen. Ich kannte ihre ganze Lebensgeschichte, ihren ersten Mann, der vor über dreißig Jahren durch einen Motorradunfall ums Leben kam, bis hin zu ihrem jetzigen Mann, der sie sogar schlug, der Schweinehund.

Es war eine Art von Konversation, bei der man sich in die Augen schaut, die Mimik des anderen studiert und auf den Tonfall achtet, wobei es unwichtig ist, ob man über Oralverkehr oder Teddybären spricht. Wie der Beginn eines Tanzes, wenn sich die Partner noch auf die Füße schauen, da sie dem Gegenüber nicht vertrauen. Man testet, ob es ein Zusammen überhaupt geben kann, und wenn die Chemie stimmt, wird der Tanz flüssiger, bis sich beide lächelnd in die Augen sehen, getragen von der Musik.

Der Kellner wedelte so langsam mit der Rechnung und als ich mich umschaute, bemerkte ich, dass wir die letzten Gäste waren. Ich zahlte und wir gingen zum Auto. Sollte der Abend jetzt schon vorbei sein, dachte ich mir.

»Was machen wir noch mit dem angebrochenen Abend?«, fragte ich. »Käffchen oder Bierchen bei mir?«

»Ja, können wir noch machen«, antwortete sie.

Wow, gut, dass ich vorgestern meinem neurotischen Sauberkeitswahn nachgekommen war und meine Wohnung einer Grundreinigung unterzogen hatte. Nicht, dass ich das nicht kann, wenn ich muss, aber irgendwie ist das nicht so mein Ding. Es dauerte meistens den ganzen Tag und das Ergebnis war, dass es nicht so professionell aussah, als wenn eine Frau das gemacht hätte, die dafür noch viel weniger Zeit benötigte.

So fuhren wir in meine 160 Quadratmeter große Junggesellenbude, die unter anderem über einen Barraum mit Tresen zum Alkoholverzehr verfügte und ein Kaminzimmer, denn wo ein Feuer brennt, da möchte man sich niederlassen.

Lauschige Musik ließ ich im Hintergrund erklingen, um eine romantische und melancholische Stimmung zu erzeugen, zu der wir, eigentlich unpassend, noch ein Bierchen tranken und über Gott und die Welt plauderten. Über grundsätzliche Dinge wie Freundin oder Freund, Tierhaarallergie und sonstige Befindlichkeiten, über Allüren und Marotten, über Ziererei und Affektiertheit, aber es war alles gut. Sie schien den gleichen Humor wie ich zu haben, ähnliche Interessen und Ansichten und die Optik stimmte auch, sogar unsere Sternzeichen passten zusammen, obwohl ich nicht viel auf so was gab.

Plötzlich hielt sie ihren Zeigefinger vor meinem Mund und ich überlegte, was sie damit andeuten wollte. Sie umschloss mein Gesicht mit ihren weichen Händen und näherte sich meinem Mund. Nur sanft berührten Ihre Lippen die meinen, es war wie Seide auf der Haut. Langsam öffneten sich unsere Münder, nur vorsichtig wagten sich die Zungen in das unbekannte Gebiet. Als sie das erste Mal zusammenstießen, zuckten sie wieder zurück, doch schon beim nächsten Mal fingen sie an, sich liebevoll zu streicheln und zu liebkosen. Wie war es doch wundervoll, nach langer Zeit der Entbehrung, sich mit der Zunge nach seiner Herzensdame zu winden. Ihre Arme waren um meinen Hals geschlungen und eine zärtliche Art der Verschmelzung trat ein, die so spannend und aufregend war wie der erste Sex mit einer Frau. Dabei kreiste sie mit dem Finger in meinem Nackenhaar und ließ mich gefrieren.

Als sie sich von mir löste, sagte sie:

»Ich hatte dich schon auf der Grillparty letzten Monat bei Fanny gesehen und da wusste ich, dass du mir gefährlich werden wirst.«

Meine Hände umfassten ihre Hüften und ich schaute ihr tief ins Gesicht, in ihre blauen Augen mit den langen Wimpern, die durch einen Mascara einen schönen, vollen Schwung verliehen bekamen.

»Ist diese Realität ein Traum oder ist dieser Traum Realität? Was geschieht hier mit mir?«, sprach ich.

»Es ist kein Traum«, antwortete sie mir und wieder verschmolzen sich unsere Lippen. Ich stieg ein in eine Mitfahrgelegenheit ins Glück. Stundenlang hätte es so bleiben können, wenn sie nicht auf einmal unterbrochen hätte:

»Ich muss gleich nach Hause, es ist schon spät. Meine Arbeit fängt früh an, auch wenn ich noch gern geblieben wäre.«

Es war der Zeitpunkt gekommen, wo sich bei mir ein grausamer Mechanismus in Gang setzte, das stets ein irrsinniges Wann-sehen-wir-uns-wieder-Spiel beginnen lässt mit tagelangem Starren aufs Telefon und Warten auf den Anruf, der nicht heute, nicht morgen und womöglich auch noch nicht übermorgen kommt. Rufe ich an, überlegte ich, könnte sie mir raffiniert vorlügen, dass sie keine Zeit habe, nur um mich zappeln zu lassen. Mein Pulsschlag war in diesem Moment so laut, dass sich eigentlich die Nachbarn gestört fühlen mussten. Doch dann musste ich es wissen.

»Schade, dass du gehen musst, aber ich hoffe, wir werden uns bald wiedersehen. Wenn es nach mir ginge, am besten gleich morgen.«

»Ja«, lächelte sie, »ich möchte dich auch so bald wie möglich wiedersehen. Morgen bin ich ab Mittag zu Hause und wenn du Feierabend hast, dann kommst du zu mir.«

Ich staunte, die Sache klärte sich einfacher als gedacht, ohne große Umschweife und Verzögerungstaktik, ohne Lügen und Intrigen.

Dann fuhr ich sie nach Hause und war eine halbe Stunde später wieder zurück. Ich dachte an die Grillparty bei Fanny, wo so an die fünfzig Leute dagewesen waren, aber an sie konnte ich mich nicht erinnern. Nun gut, ich saß mit meinen Kumpels in der einen Ecke, wo wir unseren eigenen Spaß hatten, sah mich nicht weiter um, da ich die meisten so und so nicht kannte. Zumindest waren wir die lustigste Runde, hatten viel zu lachen, was die Blicke der anderen auf uns gezogen hatte.

Ich ging in den Keller, um noch mal ihr Parfum zu riechen, das noch in der Luft hing. Ein wundervoller Geruch, der mich auf Wolke sieben schweben ließ. Aber wieso gerade Wolke sieben, warum nicht Wolke sechs, fünf, vier, drei, zwei oder eins?

Aristoteles war der Schuldige, der den Himmel damals in sieben Stücke einteilte und jedes Teil einem Planeten zuordnete. So hatten Mond, Merkur, Venus, Sonne, Mars, Jupiter und Saturn jeder ein Stück von dem Himmel. Hinter dem letzten sichtbaren Planeten Saturn, dem Hüter der Schwelle, endete für ihn die materielle Welt, und es kam nur noch die unsichtbare geistige Welt, die Welt der Phantasie, Wünsche und Träume. Die Welt, in der ich mich momentan befand.

Ach ja, was für ein schöner Tag das war. Ich legte mich ins Bett, Sie war nicht da und so musste ich wohl oder übel allein schlafen.

1.6 Ich kaufe Blumen und Champagner

Am nächsten Tag gegen Mittag wollte ich sie anrufen, wählte mit zitternden Fingern ihre Nummer, aber nur bis zur letzten Ziffer, dann legte ich hastig wieder auf, versuchte es ein zweites Mal und kam wieder nur bis zu letzten Ziffer. Es sollte keine Kontrolle sein, nicht, dass sie so was denken würde. Eigentlich wollte ich nur ihre Stimme hören, vielleicht noch ein paar nette Worte und die Freude auf heute Abend. Sie war mir so nah, so verdammt nah, nur einen Sprung entfernt und doch nicht bei mir. Ich musste mir einen Grund meines Anrufes einfallen lassen; am besten erschien mir, die Zeit für heute mit ihr abzustimmen.

»Das musst du wissen, ich weiß ja nicht, wie lange du arbeiten musst«, meinte sie.

Mein Gott, Arbeit, Arbeit war nur die lästige Unterbrechung der Freizeit. Ich konnte mir die Arbeit einteilen und sofort alles stehen- und liegenlassen, wenn sie nur wollte. Ich versuchte mir tröstende Worte einzureden, Worte, die nach ihr griffen, Worte, um sie in den Arm nehmen zu können.

»Ich kann sofort kommen, wenn es dir recht ist, oder in einer halben Stunde.«

»Ne, das ist zu früh, ich hab noch was in meiner Wohnung zu tun, muss noch Wäsche waschen und einkaufen. Aber so gegen 16 Uhr bin ich dann fertig.«

16 Uhr, das war ja noch eine halbe Ewigkeit. Merkte sie denn nicht, dass ich zeigen wollte, was sie mir bedeutete, dass ich die Zeit nicht abwarten konnte, sie zu umarmen, mit ihr zu reden, ihr zuzuhören und gemeinsame Gedanken auszutauschen? Wahrscheinlich war ich zu ungeduldig, konnte einfach die Zeit nicht abwarten.

»OK, dann bis 16 Uhr«, entgegnete ich cool.

Ich legte den Hörer auf, sortierte meinen Papierkram, machte Abrechnungen und fantasierte, wann wir wohl den ersten Sex miteinander haben würden. Dann überlegte ich, was ich ihr Nettes mitbringen konnte, eine Flasche Wein und ein paar Blumen wären angebracht. So unterbrach ich erst mal meine Tätigkeit und fuhr zum nächsten Weinladen.

Hier stand ich vor einem meterlangen Regal voller Weinflaschen, die wie eine Schallschutzwand den Lärm konservierten. Da gab es welche aus Frankreich, die sich besonders durch den hohen Anteil an Glykol auszeichnen, italienische, die zu den Grundnahrungsmitteln eines jeden Römers zählten, griechische, die sich gut zum Abdichten von Fahrradschläuchen eigneten, österreichische, die man auch Heuriger nennt, sowie israelische von Herrn Noah, afrikanische von billigen Erntehelfern, australische, die man mit dem Foster Bier vergleichen konnte und chilenische, die für den europäischen Gaumen gewöhnungsbedürftig waren.

Auf der anderen Seite waren deutsche, wie Glühweine, Gänseweine, Pennerweine, Messweine, Prädikatsweine und Tafelweine.

Eine schwere Entscheidung lag vor mir, da ich von verfaulten Traubensäften keine Ahnung hatte. Nehme ich ein Rüpelsheimer Nierentritt, ein Cabinet-sauf-ihn-Jung oder ein Grant Crue Migräne. Einen Weißen ungefärbten, einen Roten mit Beta Karotin oder einen Rosé, halb weiß, halb rot. Unentschlossen wanderte mein Blick weiter und blieb an einem Stand mit Champagner hängen. Champagner, das Edelgesöff der Aristokraten. Ein Chandon sollte es sein. Ich nahm eine Flasche und staunte erst mal über den gepfefferten Preis. Doch ich wollte keine Mühen und Kosten scheuen, sie war es mir wert.

Ich stöberte noch ein bisschen im Laden herum, als ich auf ein Schild stieß mit der Aufschrift: In Vino Veritas. In Vino Veritas? dachte ich, Veritas war doch ein deutscher

Renn- und Sportwagenhersteller in den 50er Jahren. In Vino Veritas, im Wein sind Autos? Hm, eine bemerkenswerte Logik.

Nachdem ich bezahlt hatte, ging ich über die Straße ins Blumengeschäft. Hier standen Tausende von Blumen. Gelbe Rosen mit gelben Chrysanthemen, rote Rosen mit roten Gerbera, weiße Orchideen mit weißen Nelken. Rosafarbene Rosen mit weißen Callas, pinkfarbene Freesien mit gleichfarbigen Nerinen, lachsfarbene Alstroemerien mit cremefarbigen Röschen und und und.

»Kann ich Ihnen helfen?«, fragte mich die Verkäuferin, als sie mich unentschlossen im Laden hin und her laufen sah.

»Ich weiß nicht so recht. Ich suche Blumen für ein Rendezvous mit einer bezaubernden Frau. Ich kenn sie noch nicht lange und weiß deshalb auch nicht ihren Blumengeschmack. Dachte zuerst an ein Bund Rosen, aber Rosen, so sagt man, haben Dornen und sind mit der Vorstellung des Schmerzes verbunden. Nelken verwelken und Gerbera lassen schnell die Köpfe hängen.«

»Warum nehmen sie nicht eine einzelne Blume, gebunden mit zarten Gräsern, etwas Schleierkraut und Eukalyptuszweigen. Eine Baccara würde ich empfehlen, sie hat einen langen Stiel und eine tiefrote Blütenfarbe, gefüllt von vielen Blütenblättern, hält lange und sieht einfach toll aus. Man nennt sie auch die Rose der Liebe.«

»Aha«, staunte ich nur.

»Oder diese hier, eine Strelitzie, gebunden mit Aspidista, ein Blatt der Schusterpalme, Chico Jumbo, ähnlich einem Palmenblatt, und Asparagus, ein Farngewächs. Die Strelitzie wird auch als Paradiesvogelblume bezeichnet.«

»Auch schick«, bewunderte ich die Pflanze.

»Oder eine solche Orchidee, mit Snakegrass, einer Waxflower, einem Lucky Stick, Eukalyptus, Lederfarn und einer Cordline Red Flag.«

Ein Schreckensszenario. Nur vage hatte ich eine Vorstellung, wie die entsprechenden Blumenarrangements gebunden aussehen würden, zumal die meisten floristischen Begriffe für mich wie böhmische Dörfer waren. So entschied ich mich kurzerhand für die Baccara, in der Hoffnung, die richtige Wahl getroffen zu haben.

Ich schaute mich weiter im Laden um und dachte, eigentlich könnte ich mir ja mal selber ein paar Blumen gönnen, würde meinen Esstisch ein wenig beleben, aber hatte ich überhaupt eine Vase, ein Gefäß für Blumen?

Es ist schon viele Jahre her, dass ich die Wohnung mit einer Frau geteilt und sie für regelmäßig frische Blumen im Haus gesorgt hatte. Vielleicht hat sie beim Auszug alle Vasen mitgenommen, vielleicht hat sie mir aber auch ein, zwei gelassen, ich würde es sehen, notfalls musste ein Eimer herhalten.

Die Verkäuferin legte mir die fast einen Meter lange Pflanze auf den Tresen, ich entschied mich noch für einen fertig gebundenen bunten Blumenstrauß, bezahlte, stieg in mein Auto und fuhr nach Hause. Glückseligkeit stieg in mir auf, eine Situation, die meine ganze Wahrnehmung mit dem Schampus und den Blumen übersteigerte und mich unendlich glücklich machte.

Es ist meine Verliebtheit, ein intensives Gefühl der Zuneigung, die mich nur bedingt zurechnungsfähig machte, meinen Hormonspiegel nahezu komplett aus der Balance warf und so vernünftige Gedanken völlig ausbleiben ließ.

Der Jäger Amor ist der Verantwortliche, der von einer Wolke aus mit Pfeil und Bogen auf Menschen schießt, die zusammen passen und so auch mein Herz durchbohrte. Heute Abend würde ich sie endlich wiedersehen und larvenartige Viren machten sich in meinem Körper breit, die zuerst zu Schmetterlingen, dann zu Flugzeugen mutierten. Sukzessiv nahm ich das Kribbeln im Bauch wahr, ein Gefühl, das mich dazu animieren könnte, vor ihrem Fenster ein Liebeslied nach dem anderen zu singen, doch dann würde mich die Polizei wegen Ruhestörung verhaften.

Ich machte mich langsam fertig, verzichtete auf Oberhemd mit Krawatte, zog lieber ein weißes T-Shirt an und dazu mein graues Sportsakko. Dann wurde es Zeit, dass ich losfuhr, doch unterwegs bemerkte ich, dass der Chandon noch im Kühlschrank lag und die Blume im Wohnzimmer. So wendete ich, fuhr schnellstens zurück und da passierte es. Ein unglaublich nervender, grell leuchtender Blitz blendete mich und verfasste ein künstlerisches Foto in Schwarzweiß. Na tolle Wurst, dachte ich, aber scheißegal, ich hatte es eilig.

So stürzte ich mich in die Wohnung, riss den Kühlschrank auf, holte die inzwischen feucht gewordene Champagnerflasche heraus und ließ sie durch meine Hand zu Boden flutschen. Mit einem höllischen Scheppern zerbrach die Pulle auf den Fliesen. Scheiße, schöne Scheiße und das ausgerecht jetzt, wo ich keine Zeit hatte.

Ich holte sämtliche Handtücher aus dem Bad und verteilte sie in der ganzen Küche, damit die Flüssigkeit erst mal aufgesaugt wurde, putzen konnte ich später. Ein Gestank entwickelte sich, wie die Pisse eines Brauereipferdes. Meine Hose musste ich schnell wechseln, weil die aussah, als hätte ich mich bepinkelt.

Nun wurde es höchste Zeit loszufahren; ich nahm die Blume aus dem Wohnzimmer, legte sie vorsichtig auf die Rückbank, nicht, dass die auch noch kaputt ging, und fuhr los. Langsam fuhr ich an der Stelle vorbei, wo ich gerade zuvor geblitzt wurde. Dann musste ich mich aber beeilen, um nicht zu spät zu kommen, denn Pünktlichkeit ist eine meiner höchsten Prioritäten. Ich gab Gas, beschleunigte das Auto und … schneller als der Schall trat ich in die nächste Fratzenfalle. Ein teurer Abend, dachte ich mir und gab weiterhin Gas.

Bei ihr angekommen, fand ich natürlich keinen Parkplatz, warum auch, es war ja erst zehn vor vier. Ich fuhr also die Straße rauf und runter, in der Hoffnung, dass sich irgendwo ein Arsch bewegte und abhaute. Aber nichts passierte und so parkte ich drei Straßen weiter in einer Verbotszone und lief zu dem Reihenhaus, wo sie wohnte.

Ich klingelte, die Tür ging auf und ein bezauberndes Lächeln begrüßte mich. Doch ein Unglück kommt selten allein, ich hatte die Blume im Auto vergessen.

»Oh, ich hab was im Auto vergessen«, erwähnte ich, »komme gleich wieder.« Und so sprintete ich wieder zurück in Richtung Fahrzeug. Von Weitem sah ich schon eine Politesse, die ein falsch parkendes Auto ausfindig gemacht hatte, und wie konnte es auch anders sein, es war meins.

Mit ihrem elektronischen Notizblock war sie am Tippen, als ich zu ihr sprach: »Ich bin schon weg«, mich ins Auto setzte und mit einem Kavalierstart davonrauschte, dass der Wind wie eine Druckwelle ihr entgegenschlug.

Wieder fuhr ich die Straße langsam entlang und fragte mich, warum hier so viele Autos parkten, was die alle hier wollten. Dann sah ich, wie eine Lücke ganz in der Nähe ihres Hauses frei wurde, fuhr schnell heran und scherte sofort ein. Als ich ausstieg, wunderte ich mich über die extreme Breite dieses Stellplatzes. Dann sah ich die freundliche Empfehlung an das männliche Geschlecht auf einem Schild: Frauenparkplatz. Ich schaute mich nach allen Seiten um, sah keinen Menschen und schloss das Fahrzeug ab. Wer soll auch schon wissen, ob hier eine Frau oder ein Mann eingeparkt hat?

Auf dem Weg zu ihr fiel mir ein, dass die Blume immer noch im Auto lag. So rannte ich nochmals zurück, nahm sie vorsichtig von der Rückbank und sprintete zur Eingangstür. Dabei stolperte ich über den Vorsprung einer Gehwegplatte, fiel auf die Schnauze und brach ein Teil des Stieles der Baccara ab. Oh ne, auch das noch, so ne Scheiße aber auch.

Ich klopfe meine Hose ab und ging weiter. Die Tür stand offen, ich ging hinein und rief:

»Hallo, jemand zu Hause?«

Während ich das, was noch von der Blume übrig geblieben war, auswickelte, kam sie mir entgegen, umarmte mich, neigte ihren Kopf ein wenig zu Seite, legte ihre Lippen auf die meinigen, öffnete den Mund und küsste mich einfühlsam.

Leicht gleitete ich mit der Hand über ihren Po, ertappte mich bei dem Spiel falscher Gedanken und zog sie schnell wieder zurück. Nicht, dass sie dachte, dass ich nur darauf aus war, mit ihr in die Kiste zu springen. Ich wünschte mir schon mit ihr zu schlafen, nichts lieber als das, träumte auch schon nachts davon, aber ich mochte sie auch nicht drängen und schon gar nicht unter Druck setzen. Ich konnte warten, bis sie so weit war.

Ich überreichte ihr die angebrochene Blume, worauf ich ihr kurz erkläre, wie es zu diesem Malheur kam. Sie schnitt sie kürzer, stellte sie in eine Vase, nahm meine Hand und wir gingen auf die Terrasse. Zwei Flaschen Bier und zwei Gläser standen bereits auf dem Tisch. Wir setzten uns nebeneinander, sie schenkte ein und prostete mir zu.

»Ah, köstlich, so ein kühles Feierabendbier. Da fällt mir Heinz Erhardt ein: Es schäumt das Glas mit edler Gerste, und stets bekomm ich das erste.«

Ein stillschweigendes Grinsen bedeckte ihr Gesicht. Ich nahm ihre Hand, streichelte sie zärtlich und fing an, jede einzelne Kuppe ihrer Finger zu küssen. Sie schloss die Augen dabei und genoss es, meine Lippen zu spüren. Dann schaute sie tief in mich hinein und mit dem magischen Funkeln ihrer himmelblauen Augen offenbarte sie mir ihre Glückseligkeit. Ihre leuchtenden Augen waren wie ein Funke der Unschuld, wie ein Funke der Reinheit, ein Zeugnis dafür, etwas besonders gefunden zu haben. Sie bewirkte einen Zauber in mir, dem ich nicht widerstehen konnte.

Ihr Kopf lag an meiner Schulter und gemeinsam schauten wir der Sonne entgegen, die sich hinter den Bäumen verkrochen hatte und nur noch ein rotes Glühen erkennen ließ. Als die Dämmerung in ihren letzten Zügen lag, zündete sie eine Kerze an, legte eine CD auf und Lieder wie Only the Lonely, Ma Bel Ami, Love Hurts sorgten für eine romantische Untermalung. Eine entspannte Stimmung trat ein, bis ich diese mit einer meiner Slapstick-Einlagen unterbrach:

»Stell dir mal vor, wir wären zwei Zahnspangenträger und würden uns beim Küssen ineinander verheddern.«

Sie lachte und meinte: »Wäre das schlimm für dich?«

»Nein, natürlich nicht, aber ich stellte mir gerade so ein Zahnspangen-Massaker vor, wenn sich die Halteklammern ineinander verkeilen. Aber keine Angst, ich würde dich so lange küssen, bis die Klammern verrosten und auseinanderfallen.«

»Du bist süß«, sagte sie und kam mir so nah, dass sie mit ihren Zähnen an meiner Lippe kauen konnte. Dabei fing sie an zu schielen, hob die Wangenknochen und biss noch ein bisschen fester zu. Ich hatte auf einmal einen Blutdruck wie ein Hydrant. Am liebsten hätte ich ihr die Kleider vom Leib gerissen und sie hier auf dem Tisch vernascht. Doch ich hielt mich zurück, wollte nichts überstürzen, wollte warten, bis sie bereit war, mir ein Zeichen zu signalisieren.

Ich strich ihr durchs Haar und gab ihr einen hauchzarten Kuss auf den Hals, der sofort bei ihr für eine prickelnde Gänsehaut sorgte. Dann küsste ich ihre geschlossenen Augenlider, die Stirn, die Ohren, das Kinn und ein unmittelbares Begehren stieg in ihr auf. Mit ihrer Hand drehte sie meinen Kopf so zu sich, dass ihre Lippen zielgenau auf meinen landeten. Dann folgte der Kuss, der die Intimität und die innere Verbindung widerspiegelte und die ganze Welt um uns herum schwinden ließ. Ich bekam weiche Knie und schmolz wie Wachs in ihren Händen.

Es war schon wieder sehr spät geworden und so sagte ich:

»Ich glaub, ich muss langsam zurück in meine vier Wände, du musst morgen arbeiten, ich auch und ich freue mich schon jetzt wie ein kleines Kind, wenn wir uns Wiedersehen. Du sollst wissen, dass meine Gedanken oft und meistens unerwartet bei dir landen und dass die Zeit ohne dich wie eine Feuerprobe für mich ist.«

Es war ein Moment, in dem man lieber hier blieb als fortzugehen. Sicherlich wäre ich gern über Nacht geblieben, aber unbedachtes Handeln kann auch zu einer Gegenreaktion führen, nur weil man sich von dem Drogenrausch der Verliebtheit leiten lässt. Nein das wollte ich nicht, schließlich war sie mir mehr geworden als nur eine Bekanntschaft.

Zweites Kapitel:
Sie bewirkt einen Zauber in mir, dem ich nicht widerstehen kann

2.1 Als ob sie mir die Hand hinhält und mich in ihrem Leben willkommen heißt

In den nächsten Tagen sahen wir uns in unregelmäßigen Abständen, je nachdem wie meine Termine lagen. Vormittags ging ich meiner Büroarbeit nach, versuchte so wenige Abendtermine wie möglich zu haben, was natürlich nicht immer gelang.

Dann saßen wir auf der Terrasse und ich konnte das Glück nicht beschreiben, sie in den Arm nehmen zu können, sie zu streicheln, sie zu küssen. Ich fühlte mich wohl in ihrer Gegenwart wie schon lange nicht mehr und die Brücke unseres Vertrauens wurde immer standfester. Es waren glückliche Momente; ich genoss es, in ihrer Nähe zu sein und zu wissen, dass sie einfach da war. Sie war wie ein Lichtstrahl, der durch die Wolken brach und mir ein wenig mehr Sonne schenkte.

Jedes Mal brachte ich ihr eine Rose mit, eine Rose der Liebe, und das, ohne den Stiel abzubrechen. Sie war das Beste, was mir bisher in meinem Leben passiert war. Ich war begeistert, besessen, entflammt, vernarrt, hingerissen und fing an, mich so richtig in sie zu verlieben. Abends hielten mich meine Gedanken lange wach, landeten immer wieder bei ihr und ich hoffte, dass es ihr auch so erging.

Und dann, es war mal wieder Zeit, sie spät abends verlassen zu müssen, sagte sie:

»Warum, bleibst du heut Nacht nicht bei mir? Ich fühle mich so allein, wenn du nicht da bist.«

Ein Moment, den ich schon lange ersehnt hatte, der ein Schmunzeln auf die Lippen zauberte. Eine Freude kam in mir auf, weil ich wusste, dass meine Gedanken bei ihr gelandet waren. Doch ich wirkte dieser Aufforderung neckisch entgegen.

»OK, dann schlaf ich hier auf der Couch.«

»Nö, das will ich nicht. Mein Bett ist breit genug für zwei«, entgegnete sie und machte dabei ein empörtes Gesicht.

»Aber ich habe keinen Pyjama mit und auch keine Zahnbürste.«

»Zahnbürste … Ich glaub, ich hab noch eine neue, sonst musst du meine nehmen, aber mit einem Pyjama kann ich leider nicht dienen.«

Ich war innerlich aufgeregt und freudig zugleich, gespannt auf das, was auf mich zukam. Wir gingen ins Obergeschoss und sie zeigte mir ihr Schlafzimmer und das Badezimmer, in dem ich dann verschwand, um mich frischzumachen. Während das Geklapper noch in der Küche zu hören war, legte ich mich schon mal ins Bett und zog die Decke bis zum Hals.

Dann kam sie die Treppe herauf, gab mir ein Küsschen auf den Mund, suchte was im Kleiderschrank und ging ins Bad. Ich schaute mich im Zimmer um. Es war ein hübsch eingerichtetes Schlafzimmer mit einem Landhausbett aus Messing, welches das Metall wie Gold erscheinen ließ. Dazu passend die Nachtschränke mit kleinen Lampen und gedämpftem Licht. Weiße Bettwäsche mit einem Aufsehen erregenden Blütendesign. Die Fenster waren behangen mit weißen geschwungenen Gardinen, die bis zum Boden hingen und dort zu einer Rosette geformt waren. An der mir gegenüberliegenden Wand stand ein sechstüriger Kleiderschrank mit Spiegeltüren und an der rechten Wand ebenfalls ein Kleiderschrank, aber ohne Spiegel.

Nach wenigen Minuten kam sie ins Schlafzimmer und ich kam mir vor, als wäre ich mit der Kinnlade gegen den Querbalken eines Türrahmens gekracht. Ich sah einen Engel in einem zauberhaften rotseidenen, knielangen Nachthemd mit V-Ausschnitt, in der Mitte mit Spitzen bestückt und seitlich mit hohen Schlitzen. Beim Gehen öffneten sie sich und ich konnte ihre wundervollen Beine sehen, die mich schon jetzt faszinierten.

Sie ging ans Fenster, ließ die Jalousien herunter und legte sich zu mir ins Bett. Glücksgefühle durchströmten meinen Körper. Unsere Blicke begegneten sich und wir lächelten uns an. Worte brauchte es in diesem Moment nicht, denn dieser Augenblick ließ sich nicht mit Worte beschreiben. Minutenlang schauten wir uns an und auf den ersten Blick schienen alte Rollenspiele längst über Bord geworfen zu sein, denn es war nicht mehr nur Männersache, sich hinauszuwagen, um dort seinen Mann zu stehen.

Beim Flirten lässt man uns gerne den Vortritt und wartet, dass man den ersten Schritt macht, aber hier, hier zögerte ich. Andererseits war die Offerte, zu bleiben, so was von verlockend und wahrscheinlich der Auftakt zu dem, was wir beide wollten. Ich legte meinen Arm um sie, zog mich dichter an sie heran, stark und sanft zugleich, näherte mich langsam ihrem Mund, bis unsere Lippen sich berührten. Ich konnte mir jetzt keinen schöneren Platz auf Erden vorstellen als hier ihrer Atmung zu lauschen, ihren Herzschlag zu erleben und ihre Nähe zu spüren.

Intensiv küssten wir uns. Dabei legte sie ihre Arme um meinen Hals und malte mit dem Zeigefinger ihrer rechten Hand kleine Kreise in mein Nackenhaar. Mit dem sanften Einsatz ihrer Zähne hielt sie meine Unterlippe fest, fand es berauschend, drauf zu nagen, schlug dabei ihre Augen auf und ein feinfühliges Lächeln breitete sich in ihrem Gesicht aus.

Sie war eine wunderschöne Frau mit dem Lächeln einer Göttin und der Figur von Nofretete. Tief in mir fühlte ich, wie ein Schwarm Schmetterlinge erwachte und versuchte, durch meine Bauchdecke nach draußen zu dringen. Ich strich ihr mit dem Zeigefinger über ihre Unter- und Oberlippe, die so schön zart und geschmeidig waren wie ein Daunenkissen.

Dann berührten sich wieder unsere Zungenspitzen, umspielten sich gegenseitig und ein prickelndes Gefühl breitete sich aus, das nach einem sexuellen Verlangen rief. Ein leidenschaftliches Spiel begann, ein Zeichen der Liebe, ein Ausdruck von tiefer Zuneigung. Ich öffnete meine Augen, schaute sie an und ihr Gesicht strahlte schöner denn je. Sie genoss sichtlich den Augenblick der Vorfreude auf das, was kommen sollte.

»Du hast ein schönes Lächeln und wie niedlich sich deine Nase dabei kräuselt«, sagte ich zu ihr.

Sie zog meinen Kopf zu sich herunter und küsste mich wieder. Dabei atmete sie meine Luft ein, was das romantische Gefühl dieses Kusses noch zusätzlich verstärkte. Ein Kuss ist eben wie eine Schneeflocke, keine gleicht der anderen. Während unsere Zungen miteinander spielten, ließ ich eine Hand über das seidige Nachthemd hin zur ihrer wundervollen Brust wandern und streichelte sie. Plötzlich unterbrach sie unser intimes Spiel, was ich zunächst nicht ganz verstand, doch dann zu verstehen bekam:

»Ich glaub, das Nachthemd stört.« Sie streifte es sich über den Kopf, ließ es zu Boden fallen und legte sich ganz dicht an mich. Dann zog sie wieder meinen Kopf zu sich heran und schmuste noch fordernder und leidenschaftlicher als zuvor.

Mein Körper spürte ihre nackte Haut und ich ließ meine Hand auf Entdeckungstour gehen. Zärtlich strich ich über den samtweichen Körper, der so sensibel und warm war. Ich berührte voller Leidenschaft die Rundungen, die so herrlich, wundervoll, himmlisch waren und mich mit Suchterregung erfüllten.

Es war, als ob sie mir die Hand hinhält, mich in ihrem Leben willkommen hieß, mir zulächelte und ich nicht anders konnte als ihre Hand zu nehmen und die Verbundenheit zu spüren, die unsere Herzen in diesem Augenblick verband. Eine Leidenschaft, die – von Küssen und Sexualität geprägt – das vollkommene Glück bedeutete, da wir immer füreinander da sein würden und wir uns aufeinander verlassen konnten; und uns dabei mit ganzer Seele an Gemeinsamkeiten erfreuten, die uns noch enger miteinander verbanden. Es ist egal, ob man zusammen kocht, ins Kino geht oder Sex hat, wichtig ist einfach, alles gemeinsam zu machen und auch gern, weil man es mit Leidenschaft tut.

Ein intensives Gefühls- und Genusserlebnis, eine sprudelnde ungestüme Leidenschaft und eine sinnliche Sturmflut auf die eine angenehme Entspannungsphase folgen sollte, brachten mich fast um den Verstand, als sie jedes Teil meines Körpers streichelnd erforschte und ich unter ihren Fingern dahinschmolz. Es schien mir so, als schwebte ich fernab von dieser Welt in einer anderen Galaxie und wurde nur zurückgeholt, weil sie mir liebe Worte ins Ohr flüsterte. Worte, die wie Musik klangen, die ich zu jeder Tag- und Nachtzeit hören mochte, die zart an mein Ohr drangen und den höchsten Ton trafen.Triumphierend nahm sie meine Hände wie die Zügel eines Pferdes und drückte sie ins Kissen. Dabei beugte sie sich ganz nach vorne und leckte mir über die Nasespitze. Ich öffnete meine Augen und sah wieder ihr sanftes, liebevolles Lächeln, welches ihre Lippen umspielten. Ein Moment, in dem sich unsere Blicke in stiller Übereinstimmung mit unseren Gedanken vereinten.

Ein Spiel der Leidenschaft und Begierde begann, bis es über uns hereinbrach. Verkrampft, erschaudernd, vibrierend; ein Beben durchzog unsere Körper und wie hechelnde Hunde schnappten wir nach Luft.

Erschöpft ließ ich meinen Kopf ins Kissen fallen und Minuten der Stille traten ein, vereint mit dem Wissen, dass Worte gerade überflüssig waren. Ich dachte an uns, an unsere Beziehung, die auf wunderbarster Art und Weise zeigte, dass wir zusammen etwas sehr Wertvolles gefunden hatten. Es war wundervoll, sie so nah zu fühlen und zu wissen, dass ausgerechnet sie ein Teil meines Lebens geworden war. Ihr Haar duftete leicht durchsetzt mit dem Parfüm ihres Shampoos, ihre Haut war weich und anschmiegsam und ihr Körper wundervoll sexy. Sie war das Attraktivste, was mir je begegnete, war liebevoll, zärtlich und sexualbewusst.

Nach einer Weile der Besinnlichkeit unterbrach sie die Ruhe und flüstere mir zu:

»Du bist so wunderbar. Ich wusste schon, warum Du mir gefährlich werden konntest.«

Gefährlich? Ja! Ich erinnerte mich, die Party bei Fanny, sie hatte mich beobachtet und ich nichts bemerkt, schade. Aber nun hatte sich alles zum Guten gewendet und sie war in mein Leben getreten, still und unaufdringlich. Doch brannte mir die Frage auf der Zunge, woher sie Fanny kannte.

»Sag mal, woher kennst du eigentlich Fanny?«

»Fanny! Wir waren in der gleichen Schule, er ein paar Klassen unter mir, hat mich damals schon versucht anzubaggern. Erst vor einem halben Jahr hatte ich ihn zufällig wieder getroffen und da wollte er sich gleich wieder mit mir verabreden.«

»Meinst du nicht, dass er sich jetzt wieder Hoffnungen macht? Ich meine, Gefühle rosten doch nicht.«

»Das wüsste ich aber, der geht mir so was von auf den Keks. Ständig ruft der an und will sich mit mir treffen oder er steht einfach vor der Tür. Er ist zwar eine netter Kerl, aber weiß Gott nicht mein Typ.«

»Dann brauch ich mir da keine Sorgen machen, oder?«, fragte ich.

Sie drehte sich langsam zu mir um, blickte mir tief in die Augen, legte dabei ihren Zeigefinger auf meine Lippen und sagte:

»Schatzi, du musst nicht eifersüchtig werden, schon gar nicht auf Fanny, der ist nur ein alter Bekannter, weiter nichts. Du bist da ganz was anderes, in dich hab ich mich verliebt!«

»Aber wieso meinst du, dass ich dir gefährlich werden könnte?«

»Na, als ich dich bei Fanny auf seiner Grillparty das erste Mal sah, deine Ausstrahlung, deiner Art, wie du dich bewegst, redest und andere überzeugen kannst, da war es um mich geschehen. Ich hatte dich zuvor noch nie gesehen, doch du lachtest so herzhaft, unbeschreiblich und wunderschön und plötzlich schien alles auf der Welt richtig zu sein, nur der Augenblick nicht. Dieser Moment bestimmte von nun an mein Leben. Deine Hände wollte ich spüren, mit dir in den Himmel der Liebe fliegen, für immer dein sein, doch ich kannte dich nicht, war auch nicht mutig genug, dich anzusprechen.«

Sie sah mir in die Augen, ein fester tiefer Blick, der sich bis zu meinem Herzen bohrte.

Langsam näherte sich ihr Mund und sanft berührten sich unsere Lippen. Ich spürte ihre Zunge, als klopfte sie an und wollte hinein; ich öffnete ein wenig meinen Mund und wie durch Zufall berührten sich unsere Zungen. Ein aufregender Kuss entstand, der so voll feurigem Enthusiasmus, so prickelnd, so anregend und intensiv war. Danach schliefen wir ein.

Am nächsten Morgen wurde ich vom Geruch frisch gebrühten Kaffees wach, öffnete meine Augen und sah sie, wie sie das Aroma aus dem Becher mir direkt in die Nase wedelte.

»Guten Morgen, mein Schatz, hast du gut geschlafen?«

Ich reckte mich, rieb mir die Sandkörner aus den Augen, setzte mich aufrecht und antwortete:

»Ich habe fantastisch geschlafen, tief und fest, war ja auch eine aufregende Nacht.«

Unsere Lippen berührten sich und formten sich zu einem Guten-Morgen-Kuss. Ich könnte auf Brötchen und Kaffee verzichten, aber nicht auf diesen Kuss, der mir den schönsten Sonnenaufgang erscheinen ließ. Dann sprach sie:

»Ich muss gleich zur Arbeit, du kannst noch ruhig liegenbleiben. Zieh einfach die

Tür hinter dir zu. Sehen wir uns heute Abend?«

»Natürlich sehen wir uns heute Abend, schließlich möchte ich in deinen Armen einschlafen, mich ankuscheln, deine Nähe spüren und dich in wundersame Gedanken entführen. Jede Minute, jede Sekunde möchte ich bei dir sein, ich kann nicht anders.«

»Du bist süß! Ich möchte ja auch immer bei dir sein, aber man muss auch seinen Verpflichtungen nachkommen. Wir sehen uns heute Abend, komm nicht so spät.« Dann gab sie mir noch ein Schmatzer auf den Mund und hauchte mir die Worte zu: »Ich liebe dich!«

»Ich dich auch, meine Süße«, antwortete ich.

Genussvoll leerte ich den Kaffeebecher und überlegte, welch ein Vertrauen sie mir doch entgegen brachte. Wir kannten uns erst seit ein paar Tagen und schon lag ich hier allein in ihrer Wohnung. Ich hätte jetzt die Kleiderschränke durchwühlen, nach Wertgegenstände suchen, Nacktbilder aufspüren, die man ins Internet stellen könnte, oder an ihrer Unterwäsche schnuppern und ihren Büstenhalter mal überziehen können. Nein, sie wusste, dass ich so was nie tun würde, und so machte ich mich fertig, um ins Büro zu fahren beziehungsweise nach Hause.

2.2 Die Liebe ist wie ein großes Spiel

Ich war irgendwie noch benommen von ihr, von den dunklen Haaren, den blauen Augen, dem schönen Gesicht, der süßen Nase, dem wundervollen Mund, dem lieblichen Geruch ihres verschwitzten Körpers. Ich musste schon etwas verrückt sein, mich Hals über Kopf sofort in jemanden zu verlieben, doch andererseits war es ein schönes Gefühl, dass die Jagd nach dem Vergnügen nun ein Ende gefunden hatte.

Sie mochte meinen Humor, nahm mich so, wie ich war, ohne an mir etwas auszusetzen, akzeptierte meine Ecken und Kanten, zeigte mir immer wieder, dass meine Gedanken bei ihr gelandet sind. Manchmal bereute ich es, sie erst jetzt gefunden zu haben, und doch war da etwas tief in mir, das sagte, dass es so bestimmt war. Wäre es denn so geendet, wenn wir uns schon damals begegnet wären? Wären wir dann heute das, was wir waren? Ich wusste es nicht …! Doch gerade deshalb schätzte ich jeden Moment, jedes Gespräch und jede Minute mit ihr. Ja, ich liebte sie, ich liebte sie über alles.

Nicht, dass ich mich rühmen wollte, aber es gab schon einige Frauen, die auf Hasenjagd waren und eine moralische Festung bei mir suchten. Aber zu einer Beziehung gehören immer noch zwei und wenn die Chemie nicht stimmt, hat es keinen Sinn, wenn sich Frauen die Zähne an einem ausbeißen, dann muss man sein Desinteresse zeigen und sich am besten distanzieren.

Ich ging runter in mein Büro und sah auf den Anrufbeantworter, dass bereits sieben Kunden angerufen hatten und in diesem Moment auch wieder das Telefon klingelte. Ich nahm ab und meldete mich:

»Hallo!«

»Hallo, mein Schatz, bist du gut nach Hause gekommen?«

»Hey, meine Süße, ja, bin ich. Ich war noch ein bisschen liegengeblieben und hatte mich in deine Decke eingekuschelt, um deinen Körperduft aufzufangen. Es roch so anziehend und beflügelte meine Fantasie. Du bist so unvergleichlich, so unbeschreiblich, so unwiderstehlich.«

»Schön, wie du das sagst. Als ich heute Morgen wach wurde, fühlte es sich so gut an, dass du neben mir lagst. Ich kann dir gar nicht sagen, wie glücklich ich bin, dass es dich gibt. Beim Schlafen hab ich dich beobachtet, als der Mond auf dein Gesicht schien, und da wusste ich, dass du der Richtige bist. Ich wäre heut Morgen noch gerne geblieben, aber meine Arbeit rief. Wir sehen uns heute Abend, freue mich schon drauf. Ich liebe dich!«

»Ich dich auch, meine Süße, bis heute Abend. Ich vermisse dich.«

Nach diesem Gespräch schloss ich meine Augen und sah sie vor mir, wie sie mich anlächelte und ganz fest in den Arm nahm, als wollte sie mich nie loslassen. Ja, ich liebte diese Frau bedingungslos und abgöttisch. Mit ihr mochte ich alt werden, meine Jahre, Monate, Tage, Stunden und Sekunden ihr schenken. Mein Herz schlug wie wild, doch ich musste mich auf meine Arbeit konzentrieren, und so rief ich erst mal alle Kunden zurück. Das Resultat war drei Termine in den späten Abendstunden, was mir letztendlich gar nicht gefiel. Die anderen Angelegenheiten konnte ich telefonisch erledigen oder die Termine auf den Vormittag legen. So nahm ich gleich heute den ersten wahr und befand mich am frühen Nachmittag wieder im Büro.

Ich hörte, wie jemand an der Kellertür klopfte, die direkt von meinem Barraum abging, und da ich den Bereich vom Büro aus nicht einsehen konnte, ging ich hin. Es konnte sich nur um einen Nachbarn handeln, da ich meine Kunden, wenn sie vorbeikamen, grundsätzlich an der Haustür empfing. Somit öffnete ich und da stand Fanny.

»Na, Gerd, alles klar? Musst du noch arbeiten oder gibst 'n Bier aus?«, fragte er mich.

Als Mitarbeiter der städtischen Gemeinde hatte er immer früh Feierabend und hatte sich angewöhnt, fast jeden Tag sein Feierabendbier bei mir zu trinken. Da ich morgens im Allgemeinen früh aufstand, demzufolge auch früh im Büro saß, hatte ich meine Sachen rechtzeitig erledigt und wenn keine Termine anlagen, dann trank ich schon mal ein Bierchen mit ihm. Doch heute passte es mir eigentlich überhaupt nicht, zumal ich noch was mit ihm zu klären hatte. Aber aufgehoben ist nicht aufgeschoben. Ich stellte mich hinter den Tresen, holte eine Flasche Bier aus dem Kühlschrank, öffnete sie und reichte sie ihm rüber.

»Du trinkst kein Bier?«, fragte er.

»Nein, ich hab noch Termine und ich glaube nicht, dass es angenehm für meine Kunden ist, wenn ich mit einer Bierfahne aufkreuze.«

»Nimm doch Fishermans Friend Extra Stark. Das ist zwar kein Geschmackerlebnis, soll aber Linderung verschaffen.«

»Ne, dann kann ich auch einen Liter Milch saufen und 'n Bund Petersilie fressen, soll angeblich genauso helfen. Ne, ne, lass man; trink vielleicht ein Bier, wenn ich zurück bin.«

Vielleicht werde ich auch ein Bierchen mit Eva trinken, dachte ich, aber das musste ich ihm ja nicht direkt auf die Nase binden. Er wusste ja noch gar nichts von meinem Glück. So musste ich erst mal einen Anfang finden, um ihm zu erklären, was für eine Anziehungskraft Eva in mir erweckte, und das war gar nicht so einfach.

»Du, sag mal, du kennst doch Eva, die hatte ich letztens besucht, weil sie sich für eine Rechtschutzversicherung interessiert hatte.«

»Ja, ich hab ihr deine Telefonnummer gegeben, weil sie mich nach einem Versicherungsheini fragte. Sie ist eine alte Schulkameradin von mir, habe sie letztens nach Jahren wieder gesehen und sie zu meiner Grillparty eingeladen. Hast du sie nicht gesehen? Sie saß da ganz am Anfang, war mit ihrer Freundin und dessen Sohn da. Lebt zurzeit in Scheidung und da hab ich mir gedacht, ich lade sie mal ein, ist ja schließlich eine tolle Frau. Aber sie hatte nie Zeit, mit mir mal auszugehen, nicht ins Kino, nicht zum Essen, nicht mal in den Krug. Nur zu meiner Grillparty, da ist sie gekommen und hat als Anstandswauwau ihre Freundin mitgebracht. Schade eigentlich, dass sie nie Zeit für mich hat.«

Es schien, dass er sich zu ihr hingezogen fühlte, sie zu erobern versuchte, schien aber nicht zu wissen, dass es eine vergebene Mühe war, was mir die Aufklärung komplizierter machte. Einerseits musste er es erfahren, anderseits wollte ich unsere Freundschaft nicht gefährden, die für mich sehr wertvoll war. Doch das Bedürfnis, mit ihm darüber zu reden, die Gewissheit, dass dieser Augenblick wahrscheinlich falsch gewählt war und vielleicht auch viel zerstören würde, schmerzte mich. Dennoch musste ich es tun.

»Du, Fanny, ich muss dir was erzählen. Versteh das alles jetzt nicht verkehrt, vielleicht hast du es auch schon bemerkt. Ich hatte dir doch erzählt von dieser Kundin, mit der ich zum Essen verabredet war, mit dieser tollen Figur und den blauen Augen und den Anmutigkeiten diverser Promis. Es blieb nicht nur beim Essen, wir waren anschließend hier in meiner Bar, tranken Bier zusammen und klönten über Gott und die Welt. Ich spürte, dass sie meine zweite Hälfte sein wird, und als wir uns küssten, da führte uns das Schicksal zusammen, weil wir füreinander bestimmt sind. Ich stecke jetzt in einer Situation und weiß nicht, wie ich damit umgehen soll, hoffe, dass man mir keine Steine in den Weg legt, dass du mir keine Steine in den Weg legst, denn ich spreche hier von Eva. Du hattest nie erwähnt, dass du sie begehrst, dass du sie gut leiden kannst, dass du was beabsichtigst. Überhaupt hattest du sie in keiner Weise erwähnt, wie du mir sonst deine Weibergeschichten anvertraust. Ich habe es erst jetzt von Eva erfahren, woher ihr euch kennt und mit deiner Erzählung eben mir zusammengereimt, dass du was für sie empfindest. Was soll ich nun machen? Ich hab mich in diese Frau verknallt.«

Ruhe trat ein und ich merkte, wie sich seine Gehirnzellen aufbauten, wie es ihn schmerzte, in einem Zwiespalt gefangen zu sein, wie es dazu kommen konnte. Ich versuchte tröstende Worte zu finden, die ihm zeigten, dass ich mit ihm fühlte, dass ich trotzdem da war, wenn er mich brauchte. Doch er kam mir zuvor.

»Ich hab mir das schon gedacht, als du letztens von deiner Kundin erzählt hattest, die so toll aussehen soll. Ist ja schön für euch!«

»Wenn das OK für dich ist, dann bin ich beruhigt, bin froh, dass du so vernünftig denkst, dass unsere Freundschaft weiter leben kann. Manchmal geht das Schicksal äußerst seltsame Wege, wenn zwei Menschen nebeneinander herlaufen, ehe sie sich begegnen.«

Doch ich bemerkte, wie sich in seinem Inneren Wut und Hass abwechselten, Verzweiflung, Schmerz, vielleicht auch Ekel, wenn er daran dachte, was ich bekam und er nicht. Vielleicht auch die Leere, die er spürte, weil die Chance vertan war; das ungewollte Gefühl, nicht zu dürfen, wie er wollte, jemanden zu kennen, dessen Glück man nicht erleben konnte.

»Was ist eigentlich mit der Bedienung aus dem Krug geworden?«, wollte ich wissen, um einfach von meiner Situation abzulenken, schließlich baggerte er um sie ja auch herum. Fuhr er jetzt schon zweigleisig? War er ein Verfechter der Polygamie geworden? Wenn das jeder versuchen würde, ginge die Hälfte von uns Männern leer aus. Sein Tag hatte auch nur 24 Stunden und wie lange konnte er sich merken, welche Ausrede er bei welcher gebraucht hatte?

»Die arbeitet nicht mehr da. Sie kommt aus einer ganz anderen Ecke der Stadt und da ist ihr der Weg hierher zu weit. Außerdem wohnt sie seit Jahren mit einem zusammen und der will nicht, dass sie in der Kneipe arbeitet.«

Er tat sehr cool, so abgestumpft, gleichgültig. Dann trank er sein Bier aus und meinte:

»Ich muss jetzt los, will noch zu Jürgen rüber.«

»Ja gut, ich muss auch langsam los.«

Als er verschwand, ließ ich alles stehen und liegen und fuhr zu meiner Süßen. Ich brauchte ihre Nähe, um über Fanny nachzudenken.

»Ja, ich hab mit ihm gesprochen«, erzählte ich ihr. »Er tat so unbeeindruckt, als wenn ihm das am Arsch vorbei gehen würde. Doch in Wirklichkeit trauert sein Herz, wünscht sich, mit dir die Straßen entlangzugehen, steht aber jetzt an einer Kreuzung und weiß nicht, welche Richtung er gehen muss. Es ist schon eigenartig, wie er sich verhält, wenn man von seinem besten Freund erfährt, dass man mit Zitronen gehandelt hat.«

»Ich werde auch noch mal mit ihm reden, obwohl ich ihm bereits vor Wochen gesagt habe, dass er mich in Ruhe lassen soll. Ewig dieses Auflauern und Nerven: lass uns doch mal ausgehen und was trinken und bla, bla, bla. Und dann immer seine Anrufe: wie geht es dir, kann ich was für dich tun und und und.«

»Ja, das ist schon Scheiße, wenn Liebe zum Wahn wird. Aber Fanny stellt sich auch wie ein kleines Kind an, umgarnt die Frauen mit seiner Hilfsbereitschaft, in der Hoffnung, dass sie den Willen dahinter verstehen, weil er sich hilflos fühlt und nicht weiß, ob seine Worte die richtigen sein werden. Dann dieses Auflauern, um damit zu zeigen, was er sich wünscht, was sie ihm bedeuten und dass er eigentlich nur für sie da sein will. Doch alle ließen sie ihn mit seiner Art abblitzen.«

»Er stellt sich einfach auf ein zu hohes Podest und meint, von jeder Frau gemocht und geliebt zu werden, und wenn nicht, fällt er gleich in Selbstmitleid oder fängt an, einem hinterher zu spionieren. Apropos spionieren, würdest du mir auch hinterher spionieren?«

»Ne, warum? Sollte ich es? Ich vertraue dir. Du bist mein Wegbegleiter, den man nicht verliert, weil man immer an ihn denkt und mit niemandem teilen möchte.«

»Das brauchst du auch nicht, ich bin eine treue Frau, treu wie Gold sogar. Aber ihr Männer denkt doch immer gleich an Sex und Eroberung, wenn ihr eine hübsche Frau seht.«

»Sicherlich gibt es ein paar triebgesteuerte Ausnahmen, die sich das so zurechtlegen und ihr Handeln darauf begründen, aber es gibt auch Männer – und das ist der Großteil –, die nicht mit dem Schwanz denken.«

»Und wie ist es mit dir?«, fragte sie mich.

»Ich bin von Natur aus eine treue Seele. Sex mit ständig wechselnden Partnerinnen kommt für mich auf keinen Fall in Frage, dafür fixiere ich mich viel zu sehr auf eine. Glaub mir, ich brauche eigentlich lange, bis ich einem Menschen soweit vertraue und mein Herz verschenke, zumal ich auch noch sehr wählerisch bin. Aber bei dir war alles anders; weiß nicht, wie ich es beschreiben soll. Ich weiß nicht, wie du das gemacht hast, aber ich bin froh, dass du es getan hast. Stück für Stück hast du dich in mein Herz gekämpft und jetzt ist davon ein Teil nur für dich bestimmt. Ich weiß noch wie ich an jenem Abend an dich gedacht habe, nach unserem ersten Rendezvous, wie du mich geküsst hast, und da wusste ich, dass du die Richtige bist.«

Sie sah mich an, verschlang mich förmlich mit den Augen, streichelte mein Gesicht und meinte:

»Wir sind füreinander geschaffen, du bist mein Traumprinz und ich frage mich, was ich bisher gemacht habe, wieso haben wir uns nicht schon früher getroffen. Alles wäre anders verlaufen, aber jetzt habe ich dich und mein Leben hat wieder einen Sinn gefunden. Ich liebe dich und möchte mindestens fünfzig gemeinsame Jahre mit dir verbringen.«

Dann legte sie ihre Lippen auf meinen Mund und gab mir einen Kuss, der so erotisierend wirkte und erregend war, dass mir ganz warm ums Herz wurde und er mich in ein unendliches Gefühlshoch versetzte. Er war sehr lang und innig zugleich und setzte bei mir einen Adrenalinschub nach dem anderen frei. Ich hatte Angst, dass sich unsere Zungen zu einem nicht mehr auflösbaren Knoten verwirren könnten oder ihre wundervolle Zunge in meinem Hals stecken bliebe.

Andererseits machte mir die Vorstellung, für ewig mit dieser hinreißenden Frau verknotet zu sein, nicht wirklich Angst, denn die Situation könnte eine hocherotische und vielleicht sogar erstrebenswerte Vorstellung abgeben. Sie gab mir Zuneigung, Zärtlichkeit, Hingabe und Erotik, immer schwebend auf einer rosaroten Wolke und es war schön, von so einer schönen Frau geliebt zu werden.

»Das hast du schön gesagt und auch ich wünsche mir nichts anderes, als meinen Lebensabend mit dir zu verbringen. Übrigens am Wochenende ist bei mir ganz in der Nähe ein Bikertreffen, mit Camping auf der Weide, Frühstücksbuffet, riesengroßes Zelt mit Mucke und Bar, Würstchenstand und anderem Gedöns. Hast du Lust, dahin zu gehen? Sind auch einige Leute da, die ich kenne und dir vorstellen möchte, damit du siehst, welchen Umgang ich habe.«

»Oh ja, das ist eine gute Idee, da freu ich mich schon drauf«, antwortete sie.

»Du kommst am besten schon am Freitag zu mir, dann haben wir das ganze Wochenende vor uns und können mal testen, wie es ist, wenn wir uns den ganzen Tag sehen. Die Veranstaltung ist nicht weit von mir, da können wir zu Fuß hingehen.«

»Das hört sich gut an, freu mich drauf. Ich komm am besten gleich nach der Arbeit zu dir, bring mir ein paar Klamotten mit und dann werden wir schon sehen, ob unser kurzfristiges Zusammenleben zur Hölle wird.«

»Übrigens, morgen und übermorgen habe ich keine Zeit, ich hab da noch späte Termine, das kann dann schon mal zehn Uhr werden. Nicht böse sein, ich ruf dich an, wenn ich zu Hause bin.«

»Schade. … aber wenn ich mitten in der Nacht wach werde und du nicht neben mir liegst, dann hab ich doch niemanden, an den ich mich ankuscheln kann, um weiterzuschlummern.«

»Schatzi, mir geht es doch genauso. Auch für mich ist es nicht schön, auf die andere Seite zu blicken und da ist niemand. Alleine schlafen ist blöde, wenn da jemand ist, den man liebt, dem man vertraut, der sich in seinem Herzen gemütlich gemacht hat und dessen Nähe man spüren möchte. Aber du hast selber mal gesagt, dass man seinen Job im Drogenrausch der Verliebtheit nicht vernachlässigen sollte.«

»Ich weiß ja, aber es ist so schön, nachts wach zu werden und zu sehen, dass einer neben mir liegt, der im Schlaf einfach zuckersüß aussieht.«

»Wir müssen schon ein wenig Rücksicht auf unseren Job nehmen und ich werde versuchen, so wenig Termine wie möglich am Abend zu haben, damit unser Privatleben nicht auf der Strecke bleibt. Aber manchmal geht es nicht anders, dafür hast du sicherlich Verständnis.«

»Natürlich hab ich das. Mach du ruhig deine Termine und erledige deine Arbeit. Ich muss ja auch arbeiten, um Geld zu verdienen. Es ist nur, ich vermisse dich, wenn du nicht da bist, aber anderseits kribbelt es umso mehr in meinem Bauch, wenn ich dich am Tag darauf in meine Arme nehmen kann.«

Es war schön, mit ihr über derartige Dinge zu sprechen, um mögliche Konflikte gleich wieder aus der Welt zu schaffen. Das Schlimmste, was passieren konnte, war, wenn durch die falsche Form der Kommunikation Missverständnisse auftreten, die man hätte vermeiden können. Aber Eva schien ein Mensch zu sein, der gerne redete und zuhörte. So konnten wir eventuell auftretende Beziehungskrisen überwinden und Beziehungsprobleme schnell lösen.

Gemeinsam saßen wir zusammen gekuschelt auf dem Sofa und sprachen noch über viele Dinge, die uns bewegten, bis wir dann schließlich ins Bett gingen und sie meine Hormone wieder in Schwung brachte.

Die nächsten Tage vergingen mal langsam und mal weniger schnell. Für Freitag hatte ich sämtliche Termine gecancelt, räumte die Bude auf, wischte Staub, bezog die Betten neu und hängte frische Handtücher im Bad auf.

Um 15 Uhr stand sie vor meiner Tür, umarmte und küsste mich. Wir gingen in die Bar runter und augenblicklich kam Fanny durch die Kellertür.

»Hallo Fanny.«

»Hallo Eva, wie geht's?«

»Super! Du, ich muss mit dir reden. Gerd hat dir bestimmt schon erzählt, was zwischen uns beiden ist. Er ist so einzigartig und wunderbar, ein Mann, wie ich ihn mir schon immer gewünscht habe. Es ist wie ein Puzzle, das mehr und mehr mit seinen Einzelteilen an Form zunimmt. Bei ihm hab ich das Gefühl, von der Liebe getragen zu werden. Er hat so was Vertrautes, gibt mir das Gefühl, etwas Besonderes zu sein, bereitet mir Gänsehaut und hat eine starke Persönlichkeit, in der es nie langweilig wird. Ich glaub, ich hab meinen Traummann gefunden.«

»Das ist ja schön für dich«, murmelte Fanny ein wenig entrüstet, worauf Eva weitersprach:

»Die Liebe ist wie eine großes Spiel und wenn man den Richtigen gefunden hat, dann ist es wie ein Hauptgewinn. Ich hab meinen Hautgewinn gefunden.«

Dabei stellte sie sich dicht neben mich, legte ihre Arme um meine Taille und bettete ihren Kopf vertrauensvoll an meine Brust. Ich lauschte ihrem Herzschlag, spürte die Hände um meine Taille, ließ meinen Atem durch ihr Haar streifen und hielt mich aus dem Gespräch heraus, um nicht den Eindruck einer Beeinflussung zu erwecken.

Doch er tat wieder so cool, ließ mich aber wahrscheinlich durch den Besuch wissen, dass er die Situation verstanden hatte. Ich war somit froh, dass sein Kummer ein Ende gefunden hatte, zumindest hoffte ich das.

»Wir wollen nachher zum Bikertreffen. Bist du auch da? Dann trinken wir ein paar Biere zusammen«, unterbrach ich die plötzlich eintretende Ruhe.

»Mal sehen«, entgegnete er kurz, blickte mit einem Auge in die Bierflasche, merkte, dass noch einige Tropfen drin waren, trank diese aus und verschwand.

2.3 In meinem Kopf beginnt sich die Eifersuchtsspirale zu drehen

Gott sei Dank waren wir wieder alleine und so konnte ich meine Arme um ihren Körper schließen. Sanft zog ich sie an mich heran und Geborgenheit umhüllte uns. Leise murmelte sie mir was zu. Ich konnte es nicht verstehen, ließ meinen Kopf zu ihr nieder und sah sie fragend an. Sie wiederholte die Worte mit einem sanften Lächeln:

»Ich liebe dich.«

»Ich dich auch«, antwortete ich genauso leise, aber sie verstand jede Silbe. Wir küssten uns und es fing wieder an, wie aufgeschreckte Insekten im Bauch, im Kopf und in den Armen zu prickeln. Ich war dem Wechselspiel der Gefühle hemmungslos ausgeliefert.

Erregung trat in mir auf, ein Druck, der auf ihr Becken ausgeübt wurde, kam mir vor, als wäre ich als Teenager das erste Mal an einem FKK-Strand und müsste alle fünf Meter ein Loch buddeln, um meinen Sinnestaumel zu verstecken. Doch sie strich zärtlich an der Hosennaht entlang und es füllte sich an, als ob sie mich bereits entkleidet hätte.

Plötzlich löste sie sich von mir, ging zum Tresen, nahm ihre Bierflasche und nippte daran.

»Ey, du kannst mir doch jetzt nicht eine kalte Dusche verpassen. Wie soll ich *ihm* das erklären?«

Sie kam auf mich zu, streichelte mein Gesicht und meinte: »Wir haben das ganze Wochenende noch vor uns. *Er* wird schon auf seine Kosten kommen, das verspreche ich dir!«

Sie liebte es, mit mir zu spielen und mich zappeln zu lassen. Doch in solchen Augenblicken hasste ich die Macht, die sie über mich besaß, wusste aber genau, dass auch sie es nicht mehr den ganzen Tag aushalten konnte, und so wartete ich auf meine Chance, die sich bestimmt irgendwann ergeben würde.

Gegen 19 Uhr machten wir uns auf den Weg. Die Weide lag keine dreihundert Meter entfernt und schon sah ich Klaus Dieter mit seinem Sohn Michael am Rundtisch stehen, wie sie dem Bier frönten.

»Hallo Klaus Dieter, hallo Michi! Alles klar? Das ist Eva, meine Freundin!«

Ich legte meinen Arm um sie und küsste sie auf die Wange, um durch diese Gesten zu zeigen, dass sie nicht alleine war. Wir quatschten noch ein Weilchen über banale Dinge, während Eva sich in der Gegend umsah. Die Veranstaltung war gelinde gesagt mäßig besucht und dazu noch zweigeteilt. Die eine Hälfte, das normale Publikum, hielt sich draußen auf, während die andere Hälfte, die Biker, sich im Festzelt ein Stelldichein gaben, als ob sie sich in einem durch stämmige Securitys gesicherten Bereich befanden.

»Ich geh Bier holen, wollt ihr auch noch eins?«, unterbrach ich das abrupt auftretende Schweigen»Ach, wenn du mich so fragst, dann bring ein Whisky Cola mit«, antwortete Michi.

»Und ein Bier für mich«, meinte Klaus Dieter. »Aber du musst vorher Getränkegutscheine an der Kasse kaufen, das sind so Dollarnoten, pro Note eine Getränk. Ich geh solange erst mal ne Wurst essen.«

Ich kaufte zwanzig von diesen Dollarscheinen, ging ins Zelt und stellte mich an die Reihe der durstigen Besucher. Dabei schaute ich hinaus zu dem Tisch und bemerkte, wie anregend sich Eva auf einmal mit Michi unterhielt.

Wieso hat sie sich nicht vorhin mit uns unterhalten, als ich noch daneben stand, dachte ich. Will sie nicht, dass ich mithöre? In meinem Kopf begann sich auf einmal die

Eifersuchtsspirale zu drehen und es war schwer, diese wieder zum Stillstand zu bringen. Jetzt legte er noch seinen Arm um sie, was sollte das nur bedeuten?

Eigentlich hielt sich meine Eifersucht in Grenzen, zumal ich ein affirmatives Selbstwertgefühl besaß und ihr voll und ganz vertraute. Aber dieser Argwohn führte mir eindringlich vor Augen, dass ich Angst hatte, sie zu verlieren. Oder tat sie das nur, um in mir eifersüchtige Gefühle zu entfachen? Es war kein schönes Gefühl, dieses bittere, nagende Etwas, das ich nur ganz schwer unterdrücken konnte.

Die Grenzen zwischen gesunder und übersteigerter Eifersucht sind fließend und gerade diese Tatsache machte es mir schwer zu beurteilen, ob sie nicht ein wenig übertrieb. Immer wieder schaute ich hinüber, war neugierig, über was sie sich unterhielten. Er hatte zwar seinen Arm wieder von ihr gelassen, doch was tat sich zwischen den beiden?

Sie schaute sich um, zu mir hin, winkte mir kurz zu und unterhielt sich weiter. War es ein Kontrollblick, um zu sehen, wie lange ich noch brauchte, damit sie das Gespräch rechtzeitig in eine andere Bahn leiten konnte? Oder war es der Wink, der unsere Beziehung zum Scheitern verurteilte? Eigentlich vertraute ich ihr ja, aber nicht dem Typ, mit dem sie da jetzt abhing und der ihr wahrscheinlich schöne Augen machte. Wahrscheinlich musste ich ihm noch besser zu verstehen geben, dass diese schöne Frau vergeben war. Ich versuchte meine Gedanken zu kontrollieren, aber es war unheimlich schwer.

So jemanden wie sie gab es nur einmal im Leben, das war mir bewusst. Ich hatte im Moment das Gefühl, dass was zwischen uns war, fühlte mich auf einmal unwohl, wie schon lange nicht mehr. Es war doch schön, in ihrer Nähe sein zu dürfen und zu wissen, dass ausgerechnet sie mich liebte, dass wir uns verstanden, vertrauten und gemeinsam alt werden wollen. Sollte das alles jetzt vorbei sein? Bitte tue dies nicht deiner Umwelt an, tue das mir nicht an, dachte ich. Ich weiß nicht, wie ich damit fertig werden sollte, wenn du mich verlässt. Was bin ich ohne Dich? ... ein König ohne Königin. Und wer teilt dann meine Freude, lacht mit mir an guten Tagen und tröstet mich an Schlechten? Wer baut mich seelisch auf, wenn ich am Boden zerstört liege?

Ich wollte ja niemanden einengen, das würde eine Beziehung nur stören. Aber wir standen doch erst am Anfang, teilten viele Augenblicke. Manche waren traurig, viele waren glücklich, andere nachdenklich und dann gab es noch solche, in denen ich mich vor Lachen nicht mehr halten konnte. Doch musste sie ausgerechnet jetzt mit meinen Nerven spielen? Fragen, auf die ich keine Antworten wusste.

Nicht, dass ich neugierig war, ich würde aber trotzdem gerne wissen, über was sie redeten und woher sie den Typ kannte. War er mal ein Lover von ihr? Aber dann hätten sie sich doch anders begrüßt. Zwar nicht so mit Küsschen, aber vielleicht mit ›hallo Eva, lange nicht gesehen‹ oder so. Grauen stieg in mir auf, obwohl neutral betrachtet es vielleicht auch ganz anders sein konnte. Wahrscheinlich machte ich mir viel zu viele Gedanken, sah wohl Gespenster, sollte lockerer sein, denn schließlich vertraute ich ihr.

Meine Getränke kamen und ich ging hinaus, als Michi sich plötzlich absonderte. Etwas verwunderlich schaute ich ihm hinterher und sah, wie er an einem anderen Tisch Leute begrüßte. Ich war neugierig, neugierig zu wissen, was der Inhalt ihres angeregten Gesprächs war und so hakte ich nach:

»Na, über was habt ihr euch so intensiv unterhalten?«

»Och, er meinte, ich wäre eine fantastische Frau, meine Lippen, meine Haare wären einfach göttlich, ich habe die schönsten Augen, die er je gesehen hat, dass er was für mich übrig hätte und dass wir füreinander geschaffen sind. Wenn ich eine Schachtel Zigaretten wäre, dann würde er solange Geld in den Automaten werfen, bis ich herausfalle, aus Angst, dass jemand anders mich mitnimmt. Wenn ich die Sonne wäre, würde er jeden Abend auf einen Berg steigen, um mich untergehen zu sehen, und wenn ich eine Billardkugel sei, würde er mich nicht mal einlochen, nur um mir nicht weh zu tun.«

»Aha, na ja, Geschmack hat er ja, aber herumsülzen kann der. Und was hast du dazu gesagt?«

»Ich hab ihm daraufhin erzählt, dass ich fünf Kinder habe, die einen neuen Papi suchen, dass zwei davon aufmerksamkeitsgestört und hyperaktiv sind und einer an dem Langdon-Down-Syndrom, also dem Mongolismus leidet, aber die zwei Mädchen kerngesund sind. Daraufhin musste er fluchtartig seine bis dato unbekannten Fußballfreunde begrüßen.«

Ich war heilfroh über diese Aussage, nahm sie ganz fest in den Arm und wusste, dass jegliche Eifersucht unbegründet war, dass sie die Brücke unseres Vertrauens nie missbrauchen würde, niemals auch nur annähernd solche Gedanken zu hegen pflegte, weil sie liebte und geliebt wurde.

Klaus Dieter kam zurück. »Du hast da Ketschup am Kinn«, sagte ich zu ihm. Er wischte mit seiner Handfläche am Kinn entlang und ein roter Streifen verlief auf seiner Wange.

»Da ist immer noch was, an deiner Backe, vielleicht solltest du eine Serviette nehmen.«

Er holte sich eine vom Nebentisch, wischte sich das ganze Gesicht ab und sah danach aus, als durchzögen rot geäderte Krampfadern sein Gesicht.

»Vielleicht solltest du es lieber in der Toilette mit etwas Wasser versuchen.«

Er verschwand, kam kurz darauf wieder und der Stirnansatz seiner grauen Haare hatte sich in Pink verwandelt.

»Du solltest im Klo dein Gesicht waschen und nicht beim Frisör deine Haare einfärben lassen. Du siehst aus wie eine Karthäuser Nelke.«

»Das sind Dixi-Klos, die haben kein Licht und selbst mit einem Feuerzeug stehst du da im Dunkeln. Außerdem sind die Spiegel aus Blech und so verbogen, dass du dir da vorkommst, als wenn du dich im Lachkabinett befindest. Hier draußen ist es finster, da sieht es so und so keiner.«

»Man könnte dich mit einem Punker vergleichen und wenn du jetzt noch die entsprechenden Klamotten dazu trägst, dann kann man dich für die wahre Verschönerung unseres Stadtbildes einsetzten.«

»Ha, ha, ha, wer den Schaden hat, braucht für den Spott nicht zu sorgen.«

Irgendwie war hier Totentanz angesagt. Von den normalen Besuchern waren gerade mal eine Handvoll noch da und an Bikern nur die Clubmitglieder, die diesen Kram veranstaltet hatten und sich wohl jetzt Gedanken machten, wie man dieses Spektakel in ein tänzerisches Glanzlicht leiten konnte. Ich kannte den Veranstalter und wusste, dass der nicht das Zeug hatte, eine Veranstaltung professionell erscheinen zu lassen, hatte aber gehofft, dass die anderen Mitglieder mehr Ahnung mitbringen würden. Doch auf dem Pfad zur Gelassenheit stehen allerdings oft Denkfallen im Weg, in die man als Neuling zwangsläufig hineintappt. Ein in Gang gesetzter Denkmechanismus, der mit einer solchen Situation nicht zurechtkommt und zu Irrtümern und Fehlentscheidungen führt. Wahrscheinlich wäre eine überregionale Publicity effizienter gewesen, doch der Club wollte den hohen Kostenaufwand vermeiden.

Es war bereits kurz vor Mitternacht als wir das Happening verließen und zu Hause ankamen. Schon im Flur legte sie ihre Arme um meinen Kopf und meinte:

»Komm, lass uns ins Bett gehen, es ist spät.«

Ich wusste es, sie konnte ihre Lust nicht länger ertragen und benutzte das Wort spät als Vorwand. Doch diesmal drehe ich den Spieß um, denn so einfach wollte ich ihr das nicht machen. Während ich ins Wohnzimmer ging, sprach ich zu ihr:

»Ich werde noch was trinken und ein bisschen Fernsehen, geh du ruhig schon schlafen, ich komme dann später nach.«

Worauf sie mir bösartig entgegnete: »Das ist nicht dein Ernst. Du lässt mich hier einfach stehen? Soll das eine Abfuhr sein? Hab ich dir etwas getan?«

Ich setzte mich auf die Couch, machte den Fernseher an und schaltete von einem Programm zum anderen. Sie setzte sich neben mich, schaute mich minutenlang von der Seite an und sprach dann etwas gereizt:

»Sag mal, hörst du mir überhaupt zu? Ich wollte ins Bett gehen und hab gedacht, du kommst mit, dann könnten wir uns aneinander kuscheln. Fernsehen kannst du doch auch im Schlafzimmer.«

»Ich hab's verstanden, mein Schatz, du bist Müde und möchtest schlafen gehen, das kannst du doch. Ich will dich auch nicht stören, deshalb schaue ich hier noch ein bisschen fern. Ich komm später nach und dann kuschele ich mich an dich.«

»Bin ich für dich unattraktiv geworden? Ist das deine Einstellung von Liebe? Du hast mir versprochen, dass wir immer zusammen schlafen gehen und zusammen wieder aufwachen wollen.«

Daraufhin stand sie erbittert auf, war irgendwie innerlich wütig, zornig, ärgerlich zumute und wollte gehen.

»Schatzi, komm mal bitte her.« Ich legte meine Arme um ihren Hals, küsste sie auf die Stirn und fuhr weiter fort: »Ich wollte nur mal den Spieß umdrehen, wie du es heute Nachmittag gemacht hast, die Zündschnur anzünden und die Explosion für später aufheben.«

»Oh, du bist so was von gemein«, entgegnete sie mir und schlug mit ihrer Faust auf meinem Oberarm.

»Au, das tut weh«, schrie ich, während sie mit einem Lächeln, einem kessen Augenzwinkern und mit unruhig wedelnden Hüften mich reizen und zu ihrem Werkzeug machen wollte.

»Ich geh schon mal vor«, sagte sie lakonisch und verschwand.

Als ich ins Schlafzimmer kam, lag sie da wie die Göttin Venus persönlich, wie ein liegender Akt in einem Kunstwerk von Pierre Auguste Renoir, Francisco de Goya und Amedeo Modigliani zugleich. Ihre blauen Augen leuchteten und strahlten Liebesgefühle aus und ihr linker Arm verdeckte die Brust, um ein sexy Spiel mit dem Verborgenen zu treiben.

Sie war schön, aufregend und sie lächelte. Ich legte mich neben sie und wir berührten uns zuerst ganz langsam, streichelten uns überall, wurden heiß bis uns der Schweiß kam. Mein Herzschlag steigerte sich und mein Kopf war voll konzentriert auf ihren samtweichen Körper, auf ihre wunderbaren Rundungen, auf den wohlriechenden Duft.

Es war wie das Brennen eines Kamins, das zuerst anfängt zu glühen und sich dann zu einem Feuer erhebt. Eine nicht löschbare Flamme, als wenn man brennendes Öl mit Wasser zu dämpfen versucht. Ich verlor komplett die Kontrolle über meinen Verstand und gab mich hin dem Feuer im Inneren. Die Kraft des Feuers nahm immer weiter zu und ein Teppich funkelnder Rubine breitete sich aus. Irgendwann erlosch dieses Feuer, das seine Spuren hinterließ, und es trat die Phase der Entspannung ein.

»Es war wunderschön mit dir«, säuselte ich ihr ins Ohr und küsste sie, als gäbe es kein Morgen mehr. Geschmeidig ließ ich meine Finger an der Hautpartie neben ihrer Brust in Richtung Achsel gleiten und ich spürte, wie jede einzelne Zuckung durch ihr Äußeres schoss. Sie schwitzte und der zuckersüße Geruch ihres Schweißes stieg mir aufreizend in die Nase.

»Ich liebe dich«, flüsterte sie mir zu und glücklich umarmend eiferten wir dem nächsten Tag entgegen.

2.4 Aus einem Lagerfeuer ist längst ein Flächenbrand entstanden

Es war ein schöner Sommertag, als ich wach wurde. Der Himmel war blau und die Sonne lachte in ihrer ganzen Pracht. Sie schlief noch so süß neben mir, sodass ich es nicht übers Herz brachte, sie zu wecken. Vorsichtig schob ich die Bettdecke zurück und schlich mich aus dem Schlafzimmer. Ich deckte leise den Tisch und setzte schon mal den Kaffee auf.

Dann öffnete ich die Schafzimmertür und schaute durch den Spalt. Sie schlief immer noch. Im Schlaf hatte sie die Decke weggestrampelt und der Anblick ihres nackten Körpers konnte mich wieder auf dumme Gedanken bringen. Dabei leckte ich mir die Lippen, sah ihren Prachtkörper ohne ein bisschen Stoff und in meinem Bauch kribbelte es. Noch nie war ich so verrückt, so verliebt in jemanden wie in sie. Auf Zehenspitzen schlich ich zum Bett und küsste sie wach. Ihre wunderbaren Augen strahlten mich an:

»Guten Morgen, mein Schatz. Du bist schon wach?«

»Ja, die Sonne hat mich geweckt und da bin ich aufgestanden und habe schon mal Frühstück gemacht.«

Eigentlich mochte ich mich schon wieder zu ihr legen, aber mit einem Schwung stand sie auf, zog ihren Morgenmantel an und ging ins Esszimmer.

Sie setzte sich auf einen Stuhl und augenblicklich öffnete sich der Bademantel und offenbarte mir ihre wundervoll geformten Beine. Hungrig griff sie nach einem Brötchen und wollte gerade Marmelade draufschmieren, als ein kleines bisschen davon herunterfiel und auf ihrem nackten Schenkel landete. Ich kniete sofort vor ihr und leckte die Frucht von ihrem Körper. Sie hob meinen Kopf, kam mir ganz langsam entgegen, presste ihre Lippen auf die meinigen und öffnete sie.

Süße Marmelade schmecke ich, die noch auf ihrer Zunge lag, und ihr heftiges Feingefühl ließ mich spontan erschaudern.

»Wenn du mich so küsst, wird mir ganz schwindelig.«

»OK, dann küss ich dich eben nicht mehr«, entgegnete sie.

»So hab ich das nicht gemeint. Es ist angenehm, dich zu spüren. Du bist so unvorstellbar zärtlich, so begehrenswert, so verlockend, anziehend und faszinierend verführerisch.«

»Schön, wie du das sagst. Auch ich fühle mich gut in deiner nähe, an deiner Seite, weil du zu mir gehörst. Es ist schön, dich zu necken, mit dir zu albern und mich von deinem Lachen anstecken zu lassen.«

Sie schaute mich mit tiefem Blick an, bohrte sich zu meinem Herzen durch und sprach weiter:

»Du entfachst immer wieder ein Feuerwerk in mir und raubst mir ständig den Atem.«

Daraufhin verschwand sie gleitend, wie eine Tänzerin mit einzigartigen Auf-und-ab-Schwüngen, in Richtung Badezimmer.

Wir verbrachten den Tag mit Spazierengehen, setzten uns in eine Eisdiele und bestellten uns einen Becher für zwei Personen. Abwechselnd fütterten wir uns mit der sahnigen Speise und unsere Augen konnten nicht voneinander lassen.

Dann spielte sie verführerisch an ihrem Ausschnitt, atmete tief durch und drückte dabei automatisch ihren Brustkorb nach oben. Sie presste ihre Oberarme von außen gegen die Brust, legte die Unterarme auf den Tisch und beugte sich leicht nach vorn. Unweigerlich landeten meine Blicke in ihrem Ausschnitt, ich konnte nicht anders, und ich erblickte gleich zwei so umwerfende Brüste vor meinem Gesichtsfeld schweben. Mein Blick streifte ihre Augen und ich sah, dass ihr bewusst wurde, was ich mir da anschaute.

Sie spielte daraufhin mit einer Hand an ihrer Haarsträhne, streichelte mit der anderen Hand über meinen Unterarm bis zur Gelenkbeuge, glitt leicht schabend mit dem Fingernagel sanft an der Innenseite wieder zurück und ließ mich Gänsehaut spüren. Überall richteten sich die Haare auf, der ganzen Körper schauderte, eiskalt lief es mir über den Rücken und winzige Erhebungen auf der Haut ließen mich wie eine gerupfte Gans aussehen. Schmunzelnd nahm sie die Hand von ihrer Strähne, berührte mit den Fingerspitzen ihre zartrosa Lippen, streichelte sanft darüber, leckte sie und biss sich dann sachte auf die Unterlippe. Mit den feuchten Fingern strich sie sich über den Hals bis zum Schlüsselbein und wieder zurück. Meine Augen verfolgten das Gesehene und ich wünschte mir in diesem Moment zu Hause zu sein.

Sie war schon eine kleine Hexe und ein erotischer Engel zugleich. Wollte sie mich hier verführen? War es eine besondere Interpretation ihrer Körpersprache? Oder wollte sie mich einfach nur verrückt machen, mich mal wieder zappeln sehen? Du machst mich wuschelig, du Biest.

Ich zahlte und wir gingen weiter. Ihre Hand umschloss ganz fest meine und immer wieder warf sie mir einen verführerischen Blick zu. Vor einem Schaufenster blieb sie neugierig stehen und sah sich die Auslage an. Dabei streichelte sie sich mit ihrer Hand über die Hüfte, ließ sie lässig am Beinansatz ruhen und die Finger in Richtung Reißverschluss weisen. Sie hatte schon verführerisch schöne Beine und meine Blicke folgten ihr unwillkürlich, was sie auch damit bezwecken wollte. Dann strich sie sich ganz langsam über ihren Hintern, über die Hüfte, am Brustansatz vorbei, zum Ohr und dann durchs Haar.

Ihr Sexappeal war so unwahrscheinlich und mit ihrer Bewegung, ihrer Eleganz, ihrer Geschmeidigkeit forderte sie mich heraus, ihr niemals widerstehen zu können. Es war wie ein Hochseilakt, bei dem man das Gefühl hatte, zwischen Himmel und Erde zu schweben. Sie genoss das Spiel mit der Verführung und es war faszinierend, wie sie mich reizte.

Am Abend gingen wir in den Krug und als wir reinkamen, sah Eva eine alte Bekannte am Tisch sitzen. Eine Frau mit den Maßen 152-140-152. Sie begrüßte sie kurz, stellte mich als ihren Lover vor und wir gingen weiter zum Tresen, wo sich meine Kumpels aufhielten. Ich stellte Eva als meine Freundin vor und ein fröhliches, berührungsloses »Hallo« wurde ihr entgegengebracht, bis auf Rolf, der sie kurz am Oberarm berührte und voller Neugier wissen wollte:

»Kennt ihr euch schon lange oder habt ihr euch erst kennengelernt? Gerd hatte bisher nichts von dir erzählt.«

»Es kommt mir vor, als wenn wir uns schon ewig kennen würden, obwohl wir erst seit einigen Tagen zusammen sind. Er ist so ein toller Mann ...« Sie legte dabei ihre Arme um meine Taille, ihren Kopf auf meinen Oberarm, und sprach weiter: "... den gebe ich nie wieder her. Er ist wie der Fels in meiner Brandung.«

»Das hast du aber schön gesagt, du scheinst ja richtig verliebt zu sein«, entgegnete Rolf. »Gerd ist auch ein feiner Mensch, kann mir gut vorstellen, dass ihr zusammenpasst.«

»Jetzt witt ik och, woreum du nie Tied hebst«, mischte Peter sich vorwurfsvoll mit seinem Bauerndeutsch ein. »Vun wegen Terminen un so. Det heff ik me al dacht, dat da ene Fru dorachter is.«

»Wolltet ihr nicht zum Bikertreffen?«, unterbrach ich das Gesäusel, um nicht näher auf Details eingehen zu müssen, denn so, wie die da auf Nadeln saßen, warteten sie gespannt auf Einzelheiten.

»Ne, da ist nichts los«, meldete sich Jürgen zu Wort. »Ich bin da vorhin kurz mal vorbeigegangen und da war absolut tote Hose. Fünf Biker, zwei Zelte und sonst nichts. Ein reiner Flop.«

»Flop?«, fragte Peter, »du meinst Flip Flop.«

»Ne, Peter, was du meinst sind Zehentangas, Latschen, die auf dem Wasser schwimmen, beschissen aussehen und ein Heidengeld kosten. Ich meine einen Reinfall, Misserfolg, Pech, ne Pleite, wenn du weißt, was ich meine.«

Fanny kam rein, nickte Eva lässig zu, begrüßte den Rest kurz durch Handheben und bestellte sich ein Bier.

»Hey Fanny«, empfing ich ihn freundlich gesinnt. »Gehst du noch auf das Bikertreffen? Ich hab nämlich noch ein paar Dollarnoten über.« Ich griff in meine Hosentasche und holte die Scheine raus. »Hier, gönn dir ein paar Biere auf meine Kosten, bevor sie verfallen.«

Bitterböse Blicke trafen mich und seine schlagende Hand versuchte mir die Dollarnoten aus den Fingern zu hauen.

»Den Scheiß kannst du behalten und sabbel mich nicht noch mal von der Seite an, sonst gehen wir mal kurz vor die Tür.«

Ich war entgeistert, fassungslos, schockiert. Der schmächtige, eineinhalb Kopf Kleinere wollte mir drohen, wollte sich mit mir prügeln? Wenn ich saß und er stand, reichte seine Schädeldecke gerade mal bis zu meinem Kinn. Was würde er machen, wenn ich erst mal aufstehe? Der konnte sich doch hinter jeder abgelutschten Zigarette verstecken und müsste auf Bäume klettern, um Frauen in den Ausschnitt zu schauen. Sich Administrator zu nennen, musste nicht heißen, auch administrieren zu können. Zitronenfalter können schließlich auch keine Zitronen falten!

»Sag mal, geht's noch? Was brüllst du mich hier so an, ich wollte nur freundlich sein und dir ein paar Tickets schenken. Hat dir jemand in den Kaffee geschissen oder was?«

Ich blieb ruhig, trügerisch ruhig wie vor einem Sturm und die Spannung wuchs. Doch dann sprudelte er los, als hätte der Korken zu lange auf der Sektflasche gesessen.

»Ich hau dir gleich ein paar in die Fresse, wenn du mich nicht in Ruhe lässt, verschwinde und geh dahin, wo der Pfeffer wächst.«

Auch wenn hier eine starke Persönlichkeit stand, die sich mit Intelligenz assoziierte, hatte ich keine Lust auf irgendwelchen Stress. Warum sich mit Schwächeren abgeben, der Klügere gibt nach. So nahm ich mein Bier und ging zu Eva, die sich wieder zu ihrer Bekannten gesetzt und von all dem nichts mitbekommen hatte.

»Fanny spielt verrückt, hat ein Problem, dass ihn nicht auf der Gewinnerspur fahren lässt, da ihm was weggenommen wurde und er sich so als Opfer fühlt. Der kleine Kniescheibenknutscher droht an, mich vermöbeln zu wollen. Soll sich erst mal aufn Hocker stellen, um mir in die Augen sehen zu können.«

»Ist der nicht ganz dicht? Der kriegt was von mir zu hören«, entgegnete Eva entrüstet.

»Ne, lass mal. Erstens kann ich mich selber verteidigen und zweitens bringt es nichts, gegen Windmühlen zu kämpfen.«

»Ist besser, wenn wir gehen. In ein paar Tagen hat er sich hoffentlich wieder beruhigt. Dann kann man noch mal mit ihm reden.«

Evas Bekannte kannte Fanny schon seit Jahren und sie wusste, dass er so reagieren würde. »Es war immer so, wenn er jemanden kennengelernt hatte und die Frau sich dann für einen anderen Kerl entschieden hat. Dass er nur 160 Zentimeter groß ist, dafür kann er nichts, aber meistens macht er sich an Frauen ran, die wesentlich größer und substanziell intellektueller sind als er.«

»Ich kann ihn ja gut verstehen, manchmal können einem schon die Nerven durchgehen. Wenn man aus zeitlichen Gründen immer nur mit einem Karabinerhaken gesichert wird, dann hat man das Gefühl, plötzlich ungesichert in der Wand zu hängen. Wenn dann die Nerven durchgehen, weil Kraft und Kondition langsam nachlassen, dann wird es wirklich eng, besonders wenn der Blick nach unten nur gähnende Leere bietet.«

»Das hast du toll gesagt«, äußerte sich meine Süße, legte ihren Arm um meine Schulter und gab mir ein Küsschen.

»Tja, manchmal habe ich eben eine poetische Ader. Wundere mich manchmal selber. Vielleicht sollte ich Schriftsteller werden, schließlich lebe ich im Land der Dichter und Denker.«

Evas Bekannte meinte nur noch: »Macht euch keine Gedanken, ist nur viel Rauch um wenig Braten. Substanzlos, sich prahlerisch ankündigen, aber in Wirklichkeit enttäuscht sein, das ist typisch Fanny.«

Wir fuhren nach Hause. Ich zündete Kerzen im Wohnzimmer an, legte eine CD auf, setzte mich aufs Sofa und ließ ihren Kopf auf meinem Schoss verweilen. Sie lag seitlich bei mir und ich kraulte in ihren Haaren. Es war kurz, geschmeidig, glänzend und fiel so schön ineinander, besonders ihre weich ins Gesicht fallende Strähne. Der Geruch ihres Haarshampoos stieg mir in die Nase und erfüllte mich mit Wohlgefühl.

Mein Blick fiel auf ihren Hosenbund, wo ich wegen ihres flachen Bauches ein wenig hineinlugen konnte und den Saum ihres Slips erkannte. Glühende Hitze entfachte sich in mir und war auf Nahrungssuche, doch sie holte mich schnell aus meinen freundvollen Gedanken wieder heraus.

»Du könntest mir mal den Nacken massieren«, schlug sie vor.

»Aber gern doch«, antwortete ich, drückte derweil mit den Fingern auf ihren Nacken und spürte eine Verhärtung der Muskulatur, eine starke Verhärtung, die eigentlich bei jeder Kopfbewegung wehtun musste.

»Nicht so lustlos mit einem Finger herumtippen«, meckerte sie.

So stand ich auf, holte Massage-Öl, währenddessen sie sich bis auf den Slip entkleidete, eine Decke ausbreitete und sich auf dem Fußboden lang machte. Ich kniete mich neben sie und betrachtete diesen makellosen Körper. Ihr imposanter runder, knackiger Hintern, dessen Schlüsselreiz große Beachtung geschenkt wird, zu allem gut ist und oft überraschende Funktionen erfüllt, war wieder von einem dieser aufregenden Höschen umhüllt: einem Bikinislip mit transparentem Spitzeneinsatz und einer raffinierten Knopfleiste am Po. Ein Blickfang mit purer Erotik.

Mit der Hand berührte ich diese zarten Hügel, strich über den schimmernden Satinstoff, wollte die Knopfleiste öffnen und mich dem Rausch der Gier unterwerfen. Allein die Erwartung, was kam, was kommen musste, versetzte mich in einen leicht zittrigen Erregungszustand, doch abermals wurde ich in meiner Handhabung gebremst:

»Ich spüre noch gar nichts«, bemängelte sie.

Ich ließ reichlich von dem Öl auf ihren Rücken tröpfeln und verteilte es gleichmäßig mit beiden Handflächen über den ganzen Oberkörper. Kalter Schauer durchzog sie und ließ sie zittern, doch meine warmen und besinnlichen Hände machten alles wieder wett. Mit langsamen, umhüllenden Bewegungen weckte ich körperliche Sinne in ihr und ließ sie in eine Welt schwinden, die von Glückseligkeit, Hochgefühl, Frohsinn und Vergnügen umgeben war.

Mit flach angelegter Hand massierte ich die Rückenmuskeln von unten nach oben bis zum Hals, an den Achsenhöhlen seitwärts zur Hüfte und ausstreichend wieder zurück. Spielerisch kreisten meine Fingerkuppen an ihrer Schulter entlang und ich spürte ihre warme, samtweiche Haut. Fast hüllenlos lag sie vor mir und ich tastete mit den Augen jeden einzelnen Punkt, jeden Fleck, jede Stelle ab, um den Anblick ihrer Schönheit für immer in meinen Gedanken zu verschließen. Glücksgefühle durchströmten meinen Körper, Freude und Begeisterung, eine solche Frau berühren zu dürfen.

Meine Daumen bewegten sich neben der Wirbelsäule im Zickzack, zogen die Muskulatur zur Seite, strichen quer zur Achselhöhle, an den Rumpfseiten entlang zur Hüfte, ertasteten jede einzelne erogene Zone und es fing an, überall bei ihr zu kribbeln. Bei der Wahrnehmung solcher feinen Gesten spürte ich einfach, dass wir uns nicht egal waren. Sie war mein Schatz, mein wertvoller Schatz, über den ich mit Sorgfalt wachen würde.

Wieder ließ ich was von der dickflüssigen, wohlriechenden Flüssigkeit auf ihren Rücken träufeln, die langsam an den Seiten herunterlief. Mit beiden Händen wischte ich das Öl zurück, verteilte es und fuhr dabei mit den Daumen an der Wirbelsäule entlang. Zitternd bewegte sie sich, erschauderte von der kühlen Flüssigkeit, die ihren brennenden Körper eroberte. Es war wie Balsam für meine Seele, diesen Körper mit öligen Händen, Barmherzigkeit, Hingabe und Liebe zu schenken und sich in ungeahnte Höhenflüge zu stürzen.

»Gefällt Dir das?«, raunte ich ihr zu.

Sie nickte nur und genoss das Spiel zarter Hände, die hielten und strichen, die forderten und erforschten, die gaben und nahmen, die beschützten und denen sie sich bedingungslos hingab.

Leicht strich ich über die Arme, mit den Daumen drehend am Bizeps. Hauchzart fuhren die Fingerkuppen seitlich an den Rippen entlang zu den Lenden, hinauf zum Schulterblatt und an den Armseiten wieder runter. Abermals ertastete ich eine erogene Zone nach der anderen, ließ sie zappeln und nagte an ihrem Verstand, doch fühlte sie sich wohl und geborgen.

Als ich mich neben ihr legte, öffnete sie langsam ihre Augen, belohnte mich mit einem sinnlichen Lächeln und sagte:

»Du bist wundervoll.«

Dann legte sie sich auf den Rücken und ich bettete meinen Kopf an ihre Brust, schnuppere an ihrer Haut und beschützend legte sie ihren Arm um mich. Ganz nah lag sie bei mir, die überwältigend hübsche, mit weiblicher Weichheit versehene Brust, und meine Hand nahm sie in Besitz. Wie ein Windzug fuhr ich über sie, als wenn eine Mutter über die Wunde ihres Kindes pustet. Sie hatten eine ideale Größe, passten nicht richtig in jeweils eine Hand, quollen an allen Seiten ein wenig heraus, wenn ich sie fester anpackte, waren rund, schön nach allen Seiten gewölbt und boten einen leichten Widerstand, wenn ich sie drückte.

Die Vorstellung, ein Gourmet zu sein, der ein bisschen erlesenen Käse verspeisen möchte, weil das zu einem hervorragenden Essen einfach dazugehört, brachte mich auf dumme Gedanken. Ich schaute sie an und sah das vergnügte Glitzern in ihren Augen, welches immer da war, auch wenn das Lächeln längst zu einem Schmunzeln geworden war.

Küssend streichelte ich ihren Körper und winzigkleine Pickelchen erhoben sich, führten geschlossen zu einer Gänsehaut. Ich roch ihre Haut, die mich süchtig machte, süchtiger als eines ihrer Lieblingsparfüms.

Längst war aus einem Lagerfeuer ein Flächenbrand entstanden, als wir uns hungrig und leidenschaftlich liebten, lustvoll stöhnten und sie mir Worte ins Ohr flüsterte, die mich ganz verrückt machten. Dann die Erfüllung mit uns und der Welt, die Wohligkeit, Entspannung und Zufriedenheit mit sich brachte.

Immer wieder mochte ich meine Zunge schmecken lassen, was die Nase wahrnahm, mich satttrinken an ihrem Duft, mich sattfühlen an diesem wundervollen Körper, mich in ihren Augen selbst erkennen. Unsere Seele einfach weit werden lassen und gemeinsam fliehen, ohne darüber nachzudenken, dass wir das nicht können, um für kurze Zeit so zu sein wie Gott uns wünscht, komplett aufgegangen in unserer Liebe.

Zärtlich streichelte sie mir über den Kopf, kam meinem Mund näher und küsste. Knisternd ließ sie die Zunge wandern, als suchte sie den Ort der unglaublichen Gefühle.

»Weißt du eigentlich, wie glücklich ich mit dir bin?«

»Ne«, antwortete ich ein wenig neckisch, unkundig und spitzbübisch zugleich, »eigentlich nicht. Du hast es mir nie erzählt.«

Sie erhob sich und schaute mich entrüstet

an.

»Sag mal, merkst du noch was?«

»Wieso, Schatzi? Du hast wirklich nie gesagt, dass du glücklich mit mir bist. Du hast mir nur erzählt, dass du mich liebst. Aber ich weiß, dass du glücklich bist. Ich sehe es an deinen Augen, ich spüre es an deiner Haltung, an deinen Gefühlen, an deinem emotionalen Zustand, an deiner Intensität, an deiner Herzlichkeit. Es ist die Liebe in dir, die dich glücklich macht, und das fühle ich.«

»Bist du denn auch glücklich mit mir?«

»Ja, ich bin sehr glücklich mit dir. Du bist für … Ich weiß nicht, wie ich das beschreiben soll … Du bist für mich … wie ein Licht oder ein besonderer Mond, wie ein Blinken auf der Wasseroberfläche an einem See oder wie die ersten Anemonen in einem Wald voller Frühling. Es ist, als wenn ich an einem Sommermorgen früh aufstehe und barfuß auf der Terrasse stehe, die Sandkörner zwischen den Zehen spüre, die Verheißung des neuen Tages in der Luft, das Vogelgezwitscher, fünf Minuten lang an nichts denke und mich plötzlich freue, ein Teil von dir zu sein. Als wenn meine Seele jemanden gefunden hat, dem sie voll und ganz vertrauen kann. Ja, ich bin sehr glücklich mit dir.«

Sie küsste mich und es war, als schaute ich am Silvesterabend kurz nach Mitternacht in den Himmel. Mein Herz schlug wie wild und die Gefühle spielten mal wieder total verrückt. Der Körper entwickelte seinen eigenen Spaß, während sich mein Gedankenkarussell so schnell drehte, dass mir fast schwindelig würde.

Ich hatte eine so fantastische Frau gefunden, die mich völlig in den Bann gezogen hatte. Jede Pore, jede Falte ihres Körpers mochte ich beschnuppern und probieren, ihre Wärme aufnehmen und verstärken. Mich daran erfreuen, ihre Atmung lauter werden zu lassen, wie Musik, die durch einen hindurchströmt, ihr Herz schneller schlagen zu lassen und jede Bewegung unter den Händen spüren. Mit ihr zu verschmelzen und eins zu werden, nicht mehr zu wissen, ob ich Mann oder Frau war, weil es egal ist in einem Moment der absoluten Hingabe. Sich ihr entgegenzuwerfen, ohne nachzudenken, ohne nachzufragen, ihr zu vertrauen und von ihr gehalten zu werden.

Wir redeten noch lange, von Dingen, die unsere Zukunft verändern würde. Von Urlaub und Essgewohnheiten, von Regeln und Sitten, von Sex und Zusammenziehen.

Zusammenziehen? Meinen gewohnten Lebensraum aufgeben? Ein neuer Alltag? Wie sollte er aussehen? Was erwartete mich bei einem gemeinsamen Zusammenleben? Eine Umstellung meiner bisherigen Wohn- und Lebensbedingungen. Eine plötzliche Teilung meiner Räumlichkeiten. Würde sie mit dem Tick zurechtkommen, dass ich meine Schuhe nicht in den Schuhschrank stelle? Dass das schmutzige Geschirr nicht in, sondern auf der Spülmaschine landet und dass ständig meine Freunde und Nachbarn auf der Matte stehen? Und war mein Kleiderschrank nicht zu klein für uns beide?

Nun, mindestens die Hälfte der Woche übernachtete ich sowieso bei ihr und meine Wohnung stand eigentlich leer. Auch sonst teilten wir uns alles miteinander, was man teilen kann, und meine Macken ertrug sie bisher mit einem Lächeln, weil sie wusste, dass man bestimmte Dinge einfach hinnehmen muss.

Eigentlich konnte ich mir nichts Schöneres vorstellen, als jeden Morgen neben ihr aufzuwachen und abends neben ihr einzuschlafen. Allerdings konnte ich mir auch nichts Schöneres vorstellen als Spaghetti-Eis mit Extra-Erdbeersoße. Andererseits konnte ich mir auch vorstellen, in einer glücklichen Beziehung mit einer glücklichen Frau glücklich zusammenzuleben. Gedanken, die mich beschäftigten, aber zu keinem Ergebnis führten.

2.5 Niemals möchte ich wie eine Eisenbahnschiene neben ihr leben

»Guten Morgen, mein Schatz«, sagte sie. »Wie füllst du dich?«

»Oh, eigentlich wunderbar, aber irgendwie tut mir das Kreuz weh. Naja, bin eben in einem knackigen Alter, hier knackt es, da knackt es!«

Sie küsste mich auf den Mund, stand auf und ging hinaus. Ich sah ihrem nackten Körper hinterher, diese makellos geformte Sanduhr-Figur, diese glatte, geschmeidige Haut, der entzückende Rücken, die schlanke Taille, der reizvoll knackige und straffe Po und die wohlgeformten Beine. Wie eine Tänzerin schlich sie dahin und ließ mich mit ihrer Attraktivität, ihrer Sexualität und ihrem hübschen Aussehen wie Butter in der Sonne dahinschmelzen. Geheime Fantasien schwebten mir vor, etwas verrucht, etwas versaut und andererseits wieder relativ normal, aber eben nur Fantasien.

Ich stand auf, zog mir meinen Bademantel über und bereitete das Frühstück vor, brühte Kaffee auf, kochte Eier, quetschte meine letzten Orangen zu Saft aus, dekorierte den Aufschnittteller mit Salatblättern, Petersilie und Tomatenstücken und röstete das Toastbrot. Dann lief ich zum Nachbarn rüber, klaute eine rote Rose aus seinem Garten und legte sie auf ihren Teller.

»Du bist so süß zu mir«, schmunzelte sie, als sie aus dem Badezimmer ins Esszimmer kam und die Blume sah. Sie legte ihre Arme um meinen Hals, presste sich ganz fest an mich und gleitete mit leicht geöffneten Lippen über meine Stirn, der Schläfe und meinen geschlossenen Augenlidern. Ganz zärtlich umfasste sie meine Wimpern und ziepte daran. Ihre Lippen wanderten weiter über Nase, Wangen bis unters Kinn und fuhren der Halslinie entlang. Ganz sanft saugte sie ein wenig daran und sensibilisierte all meine Sinne. Dann küsste sie mich und der Kuss war wieder so leidenschaftlich und hingebungsvoll, dass mein Herz wie verrückt pochte und tausende von Schmetterlingen im Bauch emporflatterten.

Sie sah mich an und ihr Blick ließ um mich alles unwichtig werden. Er war so durchdringlich und schenkte mir das Gefühl, der einzige Mensch auf der Welt zu sein, mich aus tiefstem Herzen darüber zu erfreuen, dass sie mir Wärme, Freundlichkeit und Begeisterung schenkte, die Gabe zu genießen und sich mit jeder Faser auf eine Erfahrung einzulassen.

»Ich muss leider bald nach Hause«, sprach sie plötzlich. »Muss noch was tun und dann kommt meine Freundin zu mir.« Es war wie eine Frustration, eine Niederlage, eine Enttäuschung, eine Ablehnung, ein Fehlschlag, wie eine kalte Dusche.

Womit hatte ich das verdient? Es war erst Sonntagvormittag und wir hatten noch den ganzen Tag Zeit, Zeit zusammen zu sein, um was zu erleben. Ein Tag konnte doch nicht besser beginnen als mit einer Runde Bettgeflüster. Die Situation machte mich nervös und drückte auf mein Selbstwertgefühl. War ich zu aufdringlich? Wollte ich zu viel? Mir fehlte jetzt schon ihr enger und leidenschaftlicher Körperkontakt, aber was sollte ich machen?

»Es ist nicht bös gemeint, ich wäre gerne noch geblieben, aber man hat ja auch noch andere Sachen zu erledigen und seine Freunde sollte man auch nicht unbedingt zwischen seine Liebe stellen. Ich liebe dich über alles und glaub mir, es wäre nichts Schöneres für mich, als einen ganzen Sonntag nur mit dir im Bett zu verbringen. Aber versprochen, das holen wir nach.«

Eigentlich hatte sie recht, nur nicht von Gefühlen verleiten lassen und Freundschaften vernachlässigen. Sie werden gebraucht, um einen tristen Tag zu erhellen, freie Gedanken auszusprechen, alles zu erzählen und zu wissen, dass sie es verstehen. Sie machte ein verschämtes Gesicht, als wenn ich sie beim Eierklauen erwischt hätte, und sagte:

»Hast du übermorgen viel zu tun?«

»Eigentlich nicht, wieso fragst du?«

»Hab mir gedacht, wir könnten mal für einen Tag an die Ostsee fahren, solange das Wetter noch schön ist. Ich hab nämlich frei.«

»Oh ja, frische Brise um die Nase wehen lassen, am Ufer entlangspazieren, das Wasser zwischen den Zehen spüren und sich von der Sonne verwöhnen lassen. Das machen wir!«

Wir genossen ausgiebig das Frühstück und ich fühlte mich gut, weil wir uns immer was zu erzählen hatten, Unwichtiges, Lustiges und Ernstes, manchmal sogar Kindisches. Danach musste ich sie gehen lassen und war wieder allein, allein in einer Wohnung, die mir plötzlich viel zu groß erschien. Ich kochte mir noch eine Kanne Kaffee, setzte mich auf die Terrasse und kurz darauf kam Rolf rüber.

»Moin Gerd, was sitzt du hier so allein, wo ist Eva?«

»Sie musste nach Hause, weil ihre Freundin zu Besuch kommt.«

Ich holte einen zweiten Becher, goss ihm Kaffee ein und wir schlürften simultan an der heiße Brühe. Er sah, dass ich ein wenig traurig war, traurig darüber, meine Liebe nicht neben mir zu haben.

»Gerd, dass sie nach Hause muss, ist weder ein Grund zum Jubeln noch zum Trübsalblasen. Denk daran, echte Liebe kennt Zeiten der Trennung, aber auch Zeiten des Wiedersehens. Wenn man einmal Feuer gefangen hat, dann muss man auch ein glühender Kämpfer sein und nicht traurig werden, wenn sie mal nicht da ist.«

»Ich hatte mir das Wochenende etwas anders vorgestellt, einfach mal zu prüfen, wie es ist, wenn man von Freitag bis vielleicht sogar Montag früh zusammen ist, zu sehen, wie gut es mit uns klappt. Sicherlich war es schön, dass sie hier schon mal zwei Nächte verbracht hat, aber ein etwas längerer Zeitraum, um zu testen, ob unsere Interessen wirklich gleich liegen, hätte mir mehr gebracht.«

»Das kommt noch, übereil es bloß nicht. Sie ist eine tolle Frau und ich sehe, dass ihr Euch auch gut versteht. Und wie ich dich kenne, bist du morgen sowieso wieder bei ihr.«

»Ja, sie ist schon eine tolle Frau. Einerseits hat sie so was Frisches, anderseits ist sie eine richtige Frau. Manchmal ist sie tollpatschig und tritt ins Fettnäpfchen, dann ist sie wieder lieb und anschmiegsam, ist klug und macht sich viele Gedanken, ist lieb und anlehnungsbedürftig, mag Rockmusik und Blues, hat ein hübsches Gesicht, einen makellosen Teint, ewig lächelnden Mund, Ausstrahlung und verkörpert für mich viele Schönheitsideale.«

»Du kennst sie ja schon so gut, als ob du sie studiert hättest«, unterbrach mich Rolf.

»Ja, sie ist schon süß. Kann mir auch so richtig vorstellen, dass, wenn sie ihren Willen nicht durchsetzen kann, sie richtig aus sich herauskommt und böse wird. Ist zwar bisher nicht vorgekommen, außer wir schmusen und ich lass sie zappeln.«

»Stress gibt es in jeder Partnerschaft und lässt sich kaum vermeiden, weil jeder eine andere Meinung hat. Oft sind es nur Kleinigkeiten, seinen Ärger unbewusst beim Partner auszulassen, aber es ist doch immer wieder schön, wenn man dann anschließend die Versöhnung feiert. Aber ich kann mir das bei dir nicht vorstellen, du bist nicht der Typ für Beziehungsstress und so, wie ich Eva einschätze, sie wohl auch nicht. So ein bisschen zappeln lassen, da wird kein Stress draus, das ist eher erotisierend. Also genieße die Zeit, bevor ihr auf die Idee kommt zusammenzuziehen.«

»Sie erwähnte so was gestern schon. Ich kann mir das gut vorstellen, jeden Morgen neben ihr aufzuwachen, ihr Lächeln zu sehen, ihren Körper zu spüren und ihre Haut zu streicheln.«

»Das ist nur am Anfang so, wenn man verliebt ist. Später wird dann alles ruhiger. Wenn erst mal der Alltag eintritt, dann nimmt die Häufigkeit der sexuellen Aktivität ab.«

»Es geht ja nicht nur um Sex. Es ist das Bedürfnis, jemanden zu haben, für den man sorgen kann, der einem Sonne ins Herz zaubert, den man mag, bei dem man willkommen ist und dem man vertraut, der seine Hand auf die Schulter legt und zeigt, dass man nicht alleine ist, dessen Worte liebevoll und ehrlich gesprochen werden, das gemeinsame Schweigen, weil man weiß, dass in manchen Situationen Worte überflüssig sind, dass die Umarmung sagt: ich bin für dich da, und dass die Brücke des Vertrauens gepflegt wird.«

»Vertrauen ist wichtig, weil du sie nicht jede Sekunde kontrollieren kannst, und Ehrlichkeit ist die Grundvoraussetzung, um das Vertrauen stärken zu können. Bist du nicht ehrlich, schwindet das Vertrauen ganz schnell und du kannst zum Paranoiden werden, weil was sein könnte, aber nicht sein muss. Verliebt ist man nur am Anfang, was später in Liebe übergeht.«

»Aber im Idealfall ist man doch beides, weil das Gefühl, verliebt zu sein, in einer Beziehung noch neuartig ist und man sich gegenseitig ohne Hemmungen auskundschaften kann. Und das nur, weil man wiederum so viel Liebe zu einem Menschen aufbringt, dass man sich kaum vorstellen kann, etwas Negatives zu entdecken.«

»Du bist ja richtig verliebt, die mächtige knorrige Eiche scheint gefällt zu sein, die Zweige wurden dir abgeschnitten und nun treibst du mit dem anderen Holz den Fluss hinunter. Dass ich das noch erleben kann, dass die Holzfäller Achtung schreien, hätte ich ja nie gedacht. Dann scheint sie ja nahezu die perfekte Frau zu sein.«

»Das ist sie. Ich liebe sie abgöttisch und während wir hier reden, vermisse ich sie und denke nebenbei ständig an sie. Sie ist nicht nur ein fantastischer Mensch, nein, sie hat Charakter und sieht außerdem auch noch hübsch und schön aus.«

»Was verstehst du unter hübsch und schön aussehen? Äußerlichkeiten können hübsch oder schön sein, Innerlichkeit kann nicht hübsch sein, sondern schön. Ein Gesicht kann hübsch sein, ein Gesicht kann aber auch schön sein. Ihre Haltung, ihre Gedanken, ihre Seele kann schön, aber wiederum nicht hübsch sein.«

»Das weiß ich. Ich meine auch nur damit, dass sie für mich alle Schönheitsideale verkörpert, dass sie eine traumhafte Figur, tolle Haut, interessante Augen, schöne Lippen und vor allem Ausstrahlung, Harmonie, Charme, Kraft und ein sicheres Auftreten hat.«

»Hübschsein und Schönheit liegt eben im Auge des Betrachters, so kann eine alte Frau schön, aber nicht hübsch sein. Ein hübsches Mädchen kann eine schöne Frau werden, oder auch nicht. Hübsch aussehen ist eben Ansichtssache.«

Es trat eine kurze Pause ein. Wir tranken unsere Kaffeebecher aus und ich füllte sie mit dem Rest aus der Kanne nach, als Rolf das Gespräch weiterführte:

»In der Renaissance war ein Doppelkinn sexuell attraktiv, heute läuft man gleich zum Schönheitschirurgen. Dann muss das Taille-Hüft-Verhältnis noch stimmen, während in manchen Regionen Afrikas ein betonter großer Hüft- und Po-Umfang als schön angesehen wird.«

»Ja schon, Rolf, aber ein schlanker Körper ist doch was Attraktives, was Hübsches, was Schönes, was Anmutiges. Man kann auch so auf seine Figur achten, muss sich nicht immer gleich unters Messer legen. Da bin ich froh, dass das bei Eva nie passiert ist. Sie hat keine Implantate, keine Fettabsaugung, keine Brustvergrößerung, keine Gesichtsstraffung, keine Nasen- oder Lippenkorrektur, überhaupt keine kosmetischen OPs gehabt. Sie achtete sehr auf ihre Figur, trägt Kleidergröße 36, treibt aber keinen Sport. Sie ist ein natürlicher Mensch, ich mag ihre Figur, ich liebe sie förmlich.«

»Nein, nichts gegen ihre Figur, die ist schon fabelhaft. Ich wollte damit nur erwähnen, dass früher Frauen als attraktiv galten, deren Körper reichlich mit typisch weiblichen Rundungen ausgestattet waren. Heute wollen sie alle nicht mehr wie Rubens Grazien aussehen und pfeifen sich eine Diät nach der anderen hinein. Aber es ist schön zu sehen, dass es noch Frauen gibt, die von Natur aus schlank und wohlproportioniert sind. Ich mag auch keine dicken Frauen.«

Peter kam um die Ecke, saß wohl gelangweilt in seiner Garage und war nun neugierig zu hören, über was wir uns unterhielten.

»Na, över wem lästert aehr?«

»Ach wir haben ein bisschen über Beziehungen geredet«, antwortete Rolf.

»Un nem is de Deern nu?«, fragte Peter in seinem gebrochenen Bauerndeutsch.

»Sie musste nach Hause, hat ja auch einen Hausstand zu versorgen und Besuch kriegt sie auch noch, oder meinst du, dass ich sonst nichts Besseres zu tun hätte, als um diese Uhrzeit hier herumzusitzen und Kaffee zu trinken?«

»Ne, dat kann ick mi vorstellen. Dat is man jüst so en flottn Deern, da has dir wat rejelles anlacht.«

»Übrigens, was ist mit Fanny losgewesen?«, fragte ich, um vom Thema abzulenken.

»Ach, de zieht ne Flunsch. He seggt, du hest ihm Eva wech nohmt. De het doch nümmer ene Chance bei de gehabt, det kapiert de aber net. Wat de gestern mookt het, det war nich OK. De kann siene Flunken nich bei de Deerns still holln und all de het ihn afblitzen lassen. Aber de Eva is schon ne seute Deern, dat wär ook wat für mi.«

»Ha, ha, Peter, die schaffst du doch niemals, die ist bei Gerd viel besser aufgehoben«, entgegnete Rolf, was mich von ihrer Verteidigung zurückhielt.

»Dat ist schon ne keute Deer, de passt good op unsen Hoff. Dann muk du mol kieken, dat de auch bliev.«

»Peter, da brauchst du dir keine Gedanken machen, die werde ich schon behalten, die lass ich nicht mehr los.«

Peter war übrigens der Vermieter des Hauses, in dem ich wohnte. Sein neues Haus, in dem er alleine auf drei Etagen wohnte, hatte er versetzt an das meinige gebaut, sodass wir uns nicht gegenseitig auf den Teller schauen konnten. Ein wirklich netter Kerl, der lieber die erhöhten Nebenkosten jahrelang selber bezahlt, bevor er auf die Idee kommt, mich mit Bier abzufüllen, um mir dann die Betriebskostenabrechnung der letzten Jahre unter die Nase zu reiben.

Ich wohnte hier mittlerweile zwanzig Jahre und irgendwie waren wir Nachbarn zu einer Clique zusammengewachsen, die sich Freunde nennen konnten. Wir feierten regelmäßig zusammen, trafen uns ab und zu mal im Krug, hatten schon gemeinsame Touren gemacht, mit dem Katamaran nach Helgoland, in Dänemark ein Segelschiff gechartert und und und.

Mit Fanny konnte ich heute nicht rechnen, leider. Er gehörte auch zu unserer Clique und war genau wie die anderen ein guter

Freund. er war stets bemüht, Holz für meinen Kamin zu besorgen, und erfreute sich des Anblicks, wenn ich mich damit abmühte, besonders große Holzscheiben zu trennen. Als Belohnung für sein Kräftezehrendes Zusehen bei meiner schweißtreibenden Arbeit, bediente er sich aus meiner Bierkiste.

Da bei mir ständig Tag der offenen Tür war, stolzierte Jürgen frisch und munter die Treppe zur Terrasse hinauf, schaute mir ins Gesicht und meinte spöttisch:

»Mensch, Gerd, was hast du denn für Ränder unter den Augen. Hast du ne schlaflose Nacht gehabt?«

»Das sind keine Augenränder, das sind Schatten großer Taten, aber davon hast du ja keine Ahnung.«

»Nun gib mal nicht so an«, erwiderte Jürgen. »Ich muss Euch da mal was erzählen. Da sprach mich doch gestern meine Arbeitskollegin an, ob ich die Rodeonummer kennen würde. Ich sagte nein, worauf sie meinte: dann pass mal gut auf. Du stellst dich hinter deiner Frau auf allen vieren, packst sie an den Brüsten und sagst: dein Busen liegt genauso gut in der Hand wie der von deiner Schwester. So und nun versuch mal länger als acht Sekunden auf ihr zu bleiben.«

»Hä, hä«, meinte Peter daraufhin, »dat has gern mal ausprobiert, wat?«

»Naja, warum nicht. Ich hätte das mit der Schwester erst mal verschwiegen, vielleicht ihr danach erzählt, oder auch nicht.«

Ich war gedanklich ganz woanders, dachte an das Gespräch mit Rolf und merke, wie sehr ich Eva doch liebte. Niemals mochte ich wie eine Eisenbahnschiene neben ihr leben. Ich liebte sie wie ein Mönch, wie ein Buddhist, nicht weil sie mir gewisse Bedürfnisse und Wünsche erfüllte, um meiner selbst willen, nein, weil sie mir den Wunsch nach Anerkennung, Zärtlichkeit, Verständnis und Zuwendung erfüllte, und natürlich auch, weil der Sex mit ihr so besonders schön war. Niemals darf sich unsere Liebe in Enttäuschung, Hass und Gleichgültigkeit verwandeln, dafür würde ich sorgen.

»Wollen wir los?«, sprach Peter zu Jürgen und gemeinsam verschwanden sie zu den schönsten Zeiten des Sonntages, zum Frühschoppen. Rolf verschwand auch in seinem Haus, um die Sonntagszeitung zu studieren. Ich räumte alle Hinterlassenschaften weg, setzte mich ins Wohnzimmer und verbrachte den restlichen Tag damit, in den Fernseher zu glotzen.

Am nächsten Tag war ich abends wieder bei ihr. Wir aßen zusammen, machten einen ausgiebigen Spaziergang und wie auf einer Modenschau präsentierte ich allen Leuten meine große Liebe. Wir sprachen wieder mal über Belangloses und Wichtiges, über ernste Sachen und den größten Blödsinn, teilten uns die ungezwungene Albernheit. Wie lange war es nun her, dass wir aufeinander aufmerksam geworden waren? Nicht mal drei Monate. Wahrscheinlich würden unsere Wege heute noch nebeneinander herlaufen, wenn sie nicht den entscheidenden Schritt gewagt hätte. Wie es dazu gekommen war, das konnte ich mir nicht wirklich erklären, aber ich war froh, dass es passiert war.

Es musste zwischen uns eine ganz besondere Verbindung bestehen, denn wie oft hatten wir gleiche Gedankengänge, wie oft hatten sich unsere fiktiven Nachrichten auf halbem Wege gekreuzt, wie oft passierte es, dass wir in den unmöglichsten Momenten plötzlich aneinander denken mussten, wie oft packte uns eine Sehnsucht nach der anderen. Und das machte mich einfach nur glücklich, diese kleinen Momente des Glücks alleine mit ihr zu teilen. Sie war einfach etwas Besonderes.

Heute fuhren wir an die Ostsee. Fern von Stress und Hektik sollte dieser Tag zur reinsten Seelenmassage werden, den warmen Sand unter den Füßen spüren, Wellen beobachten, die sich den Weg ebnen, warten, bis die Sonne untergeht und Kerzen und der Mond die Beleuchtung übernehmen.

Es war zunächst bedeckt, doch nach kurzer Zeit teilten sich die Wolken und schickten Sonnenstrahlen aus den Lücken zur Erde. Es schien ein warmer Tag zu werden, so fuhren wir zeitig los und waren gegen Mittag an der Ostsee. Einen Parkplatz in Strandnähe zu bekommen, entpuppte sich selbst nach mehrmaligem Abfahren der Straßen als unmöglich. Ich fuhr weiter und kam an eine zum Abstellen von Pkws umgestaltete verwilderte Wiese vorbei. Schnell wendete ich, fuhr hinauf, bezahlte den Tribut und stellte unser Auto inmitten des kniehohen Gestrüpps ab.

Eiligst füllten sich die wenigen Stellplätze mit parkenden Fahrzeugen und schadenfroh beobachteten wir die Touristen in Shorts, wie sie versuchten, den zahlreichen Brennnesselbüschen auszuweichen, die sich immer wieder an deren Beine hefteten. Es sah aus, als würden die verschiedensten Positionen, Sprünge und Drehungen einer Ballerina vorgeführt, als wenn sie eine Pirouette schaffen wollten und dabei auf einem Bein sich wie ein Kreisel drehten.

Wir schauten uns an, lächelten, blickten wortlos an uns hinunter und erfreuten uns an den Jeans, die unsere Beine bekleideten.

Unausgesprochene Worte, die viel sagten, die meine Gefühlswelt gehörig aus dem Gleichgewicht brachten, mir aber zeigten, dass sie mich liebte, meine Anwesenheit genoss. Und allein die Feststellung der Tatsache, dass wir uns auch ohne Worte verstanden, machte mich glücklich.

Ganz fest hielt ich ihre Hand und wir gingen zum Strand. An jedem Aufgang waren automatische Kassen für die Entrichtung einer Gebühr, das Eintrittsgeld für den Strandbesuch, für saubere Luft und klares Wasser.

Ich schaute mich um und der Anblick stimmte mich nicht besonders fröhlich. Menschen lagen wie die Heringe aufgereiht zum Trocknen der Sonne entgegen und konservierten zu Dörrfleisch. Im Wasser schaukelten Motorboote, Segelboote, Schlauchboote, Doppelrumpfboote, aus Holz, Stahl, Kunststoff oder GFK, als Gleiter, Halbgleiter oder Verdränger sowie Yachten mit besonders hübschen, langbeinigen Begleiterinnen, die sich aufreizend, nur mit String bekleidet, wie auf einem Catwalk bewegten. Sie gehörten zwar nicht zur Basisausstattung, sollten aber einem Millionär nicht an passender Gesellschaft fehlen. Zwischen den Booten, Surfbrettern, Luftmatratzen und Rettungsringenbefanden sich Tausende von schwimmenden Gästen.

Der Strand wurde immer voller, immer mehr Menschen drängten sich zwischen den bewegungslosen Sonnenanbetern hindurch, vorbei an den schlaffen kaffeebraunen Körpern, die so stark eingefettet waren, dass der Geruch von siedendem Öl und verbranntem Fleisch in meine Nase stieg.

Unser Weg führte uns an der Strandpromenade entlang, wo sich ungebremster Luxus mit ungebremstem Luxus traf und wo man ein quirlig maritimes Treiben zwischen Bademode und Abendgarderobe erlebte, ganz unter dem Motto: sehen und gesehen werden.

Vor einem Bernsteingeschäft blieb Eva stehen und schaute sich die kunstvoll gearbeiteten Steine, Armbänder und Amulette an. Manche Exemplare funkelten wie Champagner, mit winzigen prähistorischen Luftblasen, andere aus einer Mischung von Honig- und Butterfarben oder tränenförmige mit der Farbe von Ahornsirup. Sie alle waren in den Größen von einer Murmel bis zu einem Golfball erhältlich.

»Irgendwie ist das hier nicht so alles meine Vorstellung. Es ist mir zu voll hier, zu ungemütlich, so bedrückend. Ich brauch Platz um mich, Bewegungsfreiheit, nicht, dass mir ständig einer auf die Füße trampelt. Lass uns woanders hinfahren, diesen Touristennepp muss ich nicht haben.«

»Du hast Recht, es ist alles so überlaufen, so hektisch. Ich mag das auch nicht. Wenn wir die Straße weiterfahren, vielleicht finden wir da irgendwo eine nicht so überlaufende Ecke.«

Wir fuhren los und nach wenigen Kilometern kamen wir an einem Strandabschnitt vorbei, wo kein Massentourismus vorhanden war, wo keiner mit seiner ökonomischen Potenz protzte, wo keiner einen Spaziergang über die Promenade mit einem Bummel über die Copacabana verwechselte. Nur wenige Menschen bewegten sich am Strand, lagen in der Sonne, spielten Ball oder vergnügten sich im Wasser. Vorne gab es eine Art Bretterbude, die an einen Polenmarkt erinnerte, bei der man kühlende Getränke bekam – und natürlich auch anderen Krimskrams wie Sonnenbrillen und Muschelschmuck.

Leicht stampfend durchquerten wir den Sand, der unsere Füße aufnahm und sie in ihrer Zartheit versinken ließ, das Auftreten dämpfte und die Sprünge abfederte. Bei jedem Schritt spürte ich, wie der kleinkörnige Sand zwischen den Zehen rieselte, wie er leicht die Füße massierte, sie umkitzelte, ja fast streichelte. In jedem dieser Sandkörner offenbarte sich ein Stück Erdgeschichte, spiegelten sich Prozesse wider, die unsere Landschaft lange vor unserer Zeit geprägt hat.

Wir fanden einen ruhigen Platz in der Nähe einer kleinen Düne, die durch eine leichte Brise immer wieder angehäuft wurde. Doch der angewehte Sand rieselte sachte die Neigung dieser kleinen Erhebung wieder herunter und hinterließ Spuren im Sand, die wie das Werk eines Malers aussahen. Ich griff danach, ließ ihn durch die Finger rieseln, strich über die warmen Körner, die wie ein Sog in sich versanken.

Motorengeräusch war zu hören. Ich schaute aufs Meer und sah einen Jet-Ski, unter dem mehr als hundert Pferde wüteten, die gerade voll auf ihre Kosten kamen. Das Wasser war relativ ruhig, keine Wellen, keine Brecher, die ihn vom Bock hätten holen können, nur Sonne, der Fahrtwind, die gute Laune und das adrenalinmäßige Preschen übers Meer. Er jagte schwebend direkt auf uns zu, beschleunigt durch seinen Wasserstrahlantrieb, kam dem Strand immer näher, doch dann driftete er kurz vorher ab, ließ eine Brandung entstehen, wo erst größere Wellen sich entrollten, dann immer kleinere, bis sie sich schließlich friedlich zurückebbten und leise zischend einige Sandkörner ins Meer zogen.

Ich legte mich nieder, kniff die Augen zu, schaute in den wolkenlosen Himmel zur Sonne, die eine wohlige Wärme spendete, ließ den würzigen Duft der Meeresbrise in die Nase steigen, hörte das leise Rauschen der Wellen, die sich am Sand rieben, und das Rufen der Möwen, die mühelos wie festgeklebt am Himmel standen. Völlig entspannt lag ich hier, genoss die Ruhe und die Nähe meiner Liebsten. Gedanken kamen, Gedanken gingen; wie die Wellen im Meer, die sachte ans Ufer schlugen.

Ein Schatten beugte sich über mich und ich roch ihr Parfum, spürte ihren Atem, öffnete meine Lider und sah den warmen Glanz ihrer Augen. Die Sonne schien durch ihr Haar und brachte die Farbe von innen zum Leuchten, vergleichbar mit der strahlenden Farbreflektion von geschliffenem Marmor, auf den das Sonnenlicht trifft. Sie sah dadurch noch schöner aus, als ich es in meinen kühnsten Gedanken gespeichert hatte.

Zärtlich begann sie meine Wangen, mein Kinn und meinen Mund zu küssen, als plötzlich ihr Handy klingelte.

"Hallo … wir sind an der Ostsee! Ja … Ne … wir haben hier strahlenden Sonnenschein … das ist ja ein Ding … weiß ich nicht … sind irgendwann heut Abend wieder zu Hause. Ja, ja, du auch, bis dann, tschüss.« Sie legte auf.

»Was ist los?«, fragte ich.

»Es gießt wie verrückt zu Hause, Straßen sind überflutet, teilweise sogar gesperrt. Die Feuerwehr ist im Dauereinsatz, um Keller auszupumpen. Überall ist es dunkel, weil nur schwarze Wolken zu sehen sind, die wie ein Auffangbecken vom Blitz und Donner zerrissen werden und den Regen sintflutartig zu Boden fallen lässt.«

»Kann man sich gar nicht vorstellen. Hier haben wir blauen Himmel, kaum eine Wolke zu sehen, die Sonne leuchtet hell, es ist warm und fast windstill, ein hochsommerlicher Tag, der zum Entspannen einlädt.«

»Ja, aber sieh mal da hinten.« Sie deutete mit dem Zeigefinger übers Meer, hin zu einer dichten Wolkendecke, pechschwarz, die sich als schmaler Streifen am Horizont abzeichnete.

»Oh, oh, wenn das die Richtung unseres Zuhauses ist, dann sehe ich schon meinen Keller als Erlebnisbad mit vollgesaugten Teppichböden und triefnassem Mobiliar. Wenn es zu doll regnet, dann läuft der Schacht vor der Kellertür über und dringt unter der Tür in die Räume.«

»Wollen wir nicht lieber nach Hause fahren, um zu sehen, was los ist? Denk an die Bar mit Tisch, Stühlen und Barhockern, an den Kaminraum mit Couch, Sesseln, Sideboard und der Teppichboden überall«, fragte sie besorgt.

»Ne, ne, wenn's passiert, dann ist es schon passiert und eigentlich bin ich ja auch selber schuld. Wollte schon lange eine Pumpe in den Schacht stellen und durch einen zusätzlichen Schlauch das Wasser in den Vorgarten pumpen. Aus Schaden wird man halt klug.«

Wir genossen die letzten Augenblicke des schönen Wetters, die Sonnenstrahlen, die uns sanft umschmeichelten, das Meer, das rauschende Töne von sich gab, und ihre Berührung, die Nähe vermittelte, aber auch Neckereien unterstrich. Besonders wenn sie Leute beobachtete und manchmal unglaubliche, lustige und abartige Dinge sah.

»Guck dir die mal an«, sagte sie und deutete mit dem Kopf auf ein ungleiches Ehepaar, das am Ufer entlangging. Sie war stark beleibt mit einer Brille, die so tief auf der Nase saß, dass durch die Gläser der Oberlippenbart wie eine Sturmfrisur aussah. Er war zwei Köpfe kleiner, dem Anschein nach Buchhalter, mit kariertem, kurzärmeligem Hemd, um die Arme im Einsatz möglichst immer frei zu haben, damit die eventuell störenden langen Ärmel nicht versehentlich eine Seite umblättern.

»Schau dir die mal an«, sprach sie weiter und deutete diesmal zu einer Frau mit mindestens 100 Kilo Lebendgewicht, die sich vom Badelaken erhob und zum Himmel schaute. Auf ihrem Hintern zeichnete sich optisch ein Pfeil ab, eine Art Kleidungsstück brasilianischer Herkunft, das uns mit Blindheit schlug.

»Sieh mal die Frau, die da aus dem Meer kommt.« Ich schaute hin und sah eine Frau, höchstens fünfundzwanzig, mit Oberschenkeln in auffälliger Größe, die von leicht hässlichen Wucherungen bis hin zu tiefen Kratern übersäht waren. An den Oberarmen hing das Wellfleisch herunter wie Fische in der Räucherkammer, welche zuvor von der Sonne getrocknet wurden.

Dass Frauen gerne tratschen, war ja nichts Neues. Sie verfügen über das sogenannte Lästergen und sind darüber hinaus noch multitaskingfähig. Während Männer beim Polieren des Autos sich voll konzentrieren, können Frauen nebenbei noch Frühstück machen, Nachrichten schauen, mit der Nachbarin über die neuste Mode sprechen und gleichzeitig per Telefon mit der besten Freundin sprechen, um den unwichtigen Besuch beim Frisör ausführlich zu erklären. Und so ging es dann auch weiter:

»Siehst du den da, dessen Unterkiefer vom Doppelkinn gehalten wird, und der da mit dem aufgeblähten Bauch, den Kinder als Hüpfburg benutzen können, und das Mädchen da mit den zwei fetzen Stoff, das darin aussieht wie eine geplatzte Bockwurst.«

Gleichzeitig streichelte sie meine Hand, küsste jeden einzelnen Finger, saugte daran und erkundschaftete mit den Augen dabei die komplette Gegend.

Ich drückte meine Zeigefinger auf ihren Mund, legte sie sanft nieder, strich ihr durchs Haar und erfreute mich an dem Lächeln, das sie mir zuwarf. Ihre Augen strahlten, warmherzig und fröhlich, manchmal auch ausgelassen und neckisch, dann wieder albern und liebevoll. Es war schön, ihre Nähe zu fühlen, dicht bei ihr zu sein; es erfüllte mich mit einer Entspanntheit, die ich nicht beschreiben konnte. Auch wenn dutzende Menschen uns umgaben, laut schwatzten, lachten und manch beifälliger Blick uns traf, so fühlte ich mich doch wohl und das ganz besonders in ihrer Anwesenheit.

Die Sonne verschwand hinter einer Wolke, es dunkelte sich ab. Der einst am Horizont gewesene schwarze Streifen dehnte sich weiter aus und kam uns näher. Wir packten ein und machten uns auf den Rückweg.

Unterwegs wurden wir vom Regen überfallen, es goss in Strömen. Links und rechts schoss das Wasser vom Himmel und bildete auf der Motorhaube eine Fontäne nach der anderen. Spurrillen sorgten für das exponentielle Auftürmen von meterhohen Wellen und gaben den Scheibenwischern keine Chance, dagegen anzukämpfen. Immer wieder versuchte ich die Schlusslichter des vorausfahrenden Verkehrs als Navigationsmittel zu benutzen und immer wieder schoss die Bugwelle überholender Fahrzeuge auf die Frontscheibe und ließ uns erblinden.

Die Lage hatte sich entspannt, als wir unser Domizil erreichten. Sämtliche Durchfahrtstraßen waren von den starken Verschmutzungen betroffen, die das Wasser mitgebracht hatte, überall schwamm der Schlamm in den Rinnsteinen und verstopfte die Siele.

»Was hältst du vom Chinesen?«, fragte ich. »Ich hab Hunger!«

»Willst du nicht erst mal zu deiner Wohnung fahren, um zu sehen, was los ist?«

»Nö, das kann ich auch morgen machen. Außerdem ist ja nur der Keller betroffen.«

»Ja, aber deine Bar, der Kamin, Teppichboden, Couch, Sessel, Stühle, Barhocker ...«

»Die werden morgen auch noch da sein. Oder meinst du, ich habe jetzt Lust, die ganze Nacht damit zu verbringen, den Keller trockenzulegen? Ne, da könnt ich mir was Besseres vorstellen.«

»Das kann ich mir schon denken, was du dir da vorstellst.«

»Nicht das, was du denkst. Ich meine zu schlafen und zu träumen, zu träumen, wie ich mit einem Paddelboot durch meinen Keller schippere und mit blindem Hass hinter Moby Dick herjage, damit er mir ein Bein abreißen kann.«

»Du ist doof! Ich hab das ernst gemeint mit dem nachsehen. Aber wenn du nicht willst, dann komme ich morgen nach Feierabend und wir machen dann zusammen Klarschiff.«

»Das kannst du machen und jetzt ab zum Chinesen, bevor ich hier elendig zugrunde gehe.«

In den nächsten Tagen verbrachte ich jede freie Minute damit, den Keller wieder auf Vordermann zu bringen, ihn umzugestalten, ihrem Geschmack anzugleichen. So flog die komplette Wandvertäfelung raus, Wände wurden egalisiert, Raufaser geklebt, weiß grundiert und zwei gegenüberliegende Wände mit einem dezenten Farbton gestrichen, wobei ein weißer Streifen unter der Decke den klassischen Stuck imitierte. Eine perfekte Harmonie zwischen warmer Farbe und Weiß, eine perfekte Harmonie für einen Raum zum Träumen. Das Gleiche galt auch für den Barraum. Auch hier wurde zweifarbig gestrichen, Nuancen geschaffen, die das Auge schmeichelten. Der farblich abgesetzte Teppichboden bot eine warme und weiche Trittfläche für die Füße und griff die Farben der umliegenden Wände und Accessoires auf.

Ich war stolz, stolz auf die Leistung, die ich vollbracht hatte, ein Gefühl der Zufriedenheit mit mir selbst, eine Erfüllung des Glücks, und ich war stolz auf meine Süße, die durch ihren Schönheitssinn, ihrem künstlerischen Empfinden dazu beigetragen hat, dass die Räume so formvollendet und schön geworden waren.

Während der Renovierung hatte sie bei mir übernachtet, um die verschwenderische Zeit für das hin- und herfahren besser nutzen zu können, hatte ständig die Räume gereinigt, neckische Spielchen getrieben, mein Gesicht mit Farbe beschmiert, um es anschließend mit ihren zarten Händen zu säubern, damit ich dahinschmolz.

»Das hast du wirklich toll gemacht«, hörte ich sie sagen, als sie noch mal einen Blick in den Keller warf. »Das sieht so was von schick aus, einfach sensationell. Da hast du dir eine Belohnung verdient, heute Abend bei mir.«

»Was für eine Belohnung ist das?«, wollte ich wissen, doch sie legte nur ihren Finger auf meine Lippen und sprach:

»Warte ab und sei nicht so neugierig. Dein Blut wird gefrieren.«

2.6 Ich bin ein Gefangener ihrer Liebe

Während sie zur Arbeit fuhr, setzte ich mich in mein Büro und erledigte alle wichtigen Sachen, die in den letzten Tagen liegen geblieben waren. Dann überlegte ich, was für eine Überraschung auf mich zukommen würde und was sie damit meinte, mein Blut gefrieren zu lassen; das machte sie doch jedes Mal.

Vielleicht wollte sie einen heißen Strip zu aufregender Musik und in sündhaft schönen Dessous vorführen, deren Inhalt nach und nach entblättert würde. Oder vielleicht erotisierende Lebensmittel, wie Erdbeeren mit Schlagsahne, Trauben, Kirschen, Sekt, Nudeln, Wackelpeter, Milch und Honig, auf meinen Körper verteilen. Vielleicht wollte sie mit mir ausgehen und dann beichten, dass sie keine Unterwäsche an habe, oder Sex auf dem Rücksitz des Autos, in einer Umkleidekabine, auf einer Wiese unter freiem Himmel, beim nächtlichen Nacktbaden oder in einem fast leeren Kino hinten in der letzten Reihe. Das alles konnte ich mir bei ihr vorstellen, dazu wäre sie imstande gewesen und darum liebte ich sie auch.

Eine Kundin rief an, wollte eine Lebensversicherung abschließen. Ihre Bitte tendierte dahin, dass sie zwar schon sechzig sei, aber aussehen würde wie fünfundvierzig und ob man deswegen die Prämie nicht günstiger gestalten könne. Eine utopische Frage, die feinfühlig beantwortet werden musste, da Frauen im Allgemeinen lieber ein bis zwei Wurzelbehandlungen beim Zahnarzt über sich ergehen lassen, bevor sie direkt übers Alter reden. Meistens haben sie das Gefühl, dass sie sofort in eine Schublade gedrängt werden, in der man vom Blasentee bis Florian Silbereisen alle möglichen Klischees über das Alter jenseits von Dr. Sommer und Klingelton-Abos findet.

Ein weiterer Kunde rief an und meldete den Todesfall seines Hahnes, der ihm in den Fuß gebissen hatte und daraufhin im Kochtopf gelandet sei. Seine Unfallversicherung müsse ihm nun den Hahn ersetzen, da er durch ein plötzlich von außen auf seinen Körper einwirkendes Ereignis unfreiwillig eine Gesundheitsschädigung erlitten habe. Der Mann hatte die Definition richtig interpretiert, nur musste man ihm verständlich den Unterschied zwischen einer Sach- und einer Personenversicherung erklären, zwischen einer Sache und einem Menschen. Eine psychologische Offenbarung, die man kopfschüttelnd hinnehmen muss und viel Fingerspitzengefühl erfordert.

Meine Termine hielten sich in Grenzen, bezogen sich nur auf Bestandsbesuche, um sich ein Denkmal zu setzen. Hier und da ein Schwätzchen über irrelevante Dinge, dazu ein Käffchen, bei älteren Damen meist sogar noch ein Stück Sahnetorte. Am frühen Nachmittag war ich dann wieder im Büro und sie rief an:

»Hallo Schatzi, was hältst Du davon, wenn wir heute zusammen kochen? Ich hab schon alles eingekauft.«

»Das find ich prima, ich bin sowieso der beste Koch, wenn es ums Aufmachen von Dosen geht.«

»Du bist verrückt, komm nicht so spät!«

»Ja, verrückt bin ich schon, weil du mich verrückt machst. Ich hab nur noch Kleinigkeiten zu erledigen, dann komm ich rüber. Bis gleich, ich liebe dich.«

Sie hatte frische Zutaten gekauft und wir fingen an, gemeinsam das Fleisch zu braten, die Kartoffeln zu schälen, das Gemüse zu putzen und den Nachtisch zu bereiten. Während aus dem Küchenradio die passende Musik ertönte, forderte sie mich immer wieder verführerisch zum Kosten des Gerichts auf, was ich mit Hilfe eines Lächelns gern entgegennahm. Frei nach der Devise: Liebe geht durch den Magen.

Es war eine gute Idee, einfach in der heimischen Küche beim gemeinsamen Kochakt mal etwas Köstliches um den Mund geschmiert zu bekommen. Wir alberten sehr, wie zwei Teens beim ersten Date. So landeten Kartoffelschalen auf meinen Ohren, Quark auf meiner Nase und Sirup auf den Wangen, worauf ich ein Stück Gemüse auf dem Weg zu ihrem Mund gezielt in ihren Ausschnitt fallen ließ.

»Oh, das tut mir leid, das hab ich nicht gewollt. Warte, ich hol es wieder raus.«

Meine Hand glitt vorsichtig auf ihrer weichen Haut am Dekolleté entlang, zwischen den Brüsten. Sie hatte keinen Büstenhalter an, den brauchte sie auch nicht, denn sie waren straff und fest. Ich ließ meine Hand weiter wandern auf der Suche nach einem Stück Gemüse, strich um ihren geschmeidigen Busen herum und merkte wie die Erregung in ihr aufstieg. Streichelnd fuhr meine Hand weiter, bis sie sagte:

»Die hast du bestimmt mit Absicht da reingeworfen, um mich zu ärgern. Wenn du so weitermachst, können wir uns das Kochen abschminken.«

Sofort zog ich meine Hand heraus, denn damit hatte ich allerdings nicht gerechnet. Sie zupfte ihre Bluse aus der Hose und ließ das Stück zu Boden fallen. Ich hob es auf und entsorgte es. Dabei beobachtete ich, wie sie ihre Bluse in die Hose stopfte, die

Brust dabei rausstreckte und ihre süßen Knospen den dünnen Stoff fast zum Platzen brachte.

Das Wasser kochte, das Fleisch brutzelte und das Gemüse garte. Mir lief das Wasser im Munde zusammen und meine Empfindung nach einer sanften Massage meines kulinarischen Gehirns, mit anschließendem Verlangen nach unbedingter Berührung all meiner Sinne, wurde angeregt. Dabei rutschte mein Herz lustvoll wohlig in die hungrige Magengegend.

Um uns herum war die Luft schwer von köstlichen Düften umhüllt. Es vermischten sich der Fleischsud mit den Pfifferlingen, den Gewürzen, dem Hauch von Knoblauch und mit dem Dunst des Gemüses. Freude stieg in mir auf, die Köstlichkeiten genießen zu können, in Anwesenheit eines von mir sehr geliebten Menschen, den ich nie verlieren mochte.

Sie kam zu mir, umarmte mich und nahm mir den restlichen Geschmack der Naschereien von der Zunge. Ein Vorgeschmack auf die Erwartung einer liebevollen Frau, mit der ich aller Wahrscheinlichkeit nach noch viel erleben würde.

Sie deckte den Tisch auf der Terrasse, mit Kerzen, dessen Flammen nach Wachs gierten. Blumen, die fein säuberlich um die Teller drapiert wurden, und Servietten, die zu Fächern gefaltet vor dem Besteck standen. Im Hintergrund lief romantische Musik, die mich beflügelte.

Das Essen war für jeden Sinnesfreund ein wunderschönes Geschenk, ein Mahl mit Erotik-Appeal, was ein inneres Feuer in mir entfachte. Die gedämpften Flammen der gezielt platzierten Kerzen schmeichelten, spiegelten sich in ihren blauen Augen und ließ die Getränke bernsteinfarbig erscheinen. Eine sinnliche Kulisse, in der wir Momente der Zweisamkeit intensiv genossen.

Ein lauer Spätsommerabend, der Himmel hing voller Sterne, unsere Köpfe waren dicht beieinander und der Zeigefinger in die Luft gestreckt. Wir deuteten auf Bilder hin, als könnten wir jedes einzelne beim Namen nennen. Es sind riesige glühende Gasbälle, die Licht und Wärme ins All strahlen und das Zentrum unseres Sonnensystems bilden. Einige sind größer, die meisten aber kleiner als unsere Sonne, aber zig tausend Mal mehr Masse haben, als unsere Erde. Aber was macht diese besondere Stimmung eigentlich aus?

Vielleicht ist es diese unvorstellbare Dimension von Entfernung, die einen Sternenhimmel romantisch erscheinen lässt, vielleicht ist es aber auch die schiere Unerreichbarkeit, welche die Fantasie anregt und den Betrachter gedanklich in andere Sphären lenkt. Eine Welt, die etwas Zauber- und Märchenhaftes hat, die zwar noch die gleiche ist, aber durch das Romantische noch schöner, verträumter, märchenhafter, rosaroter und beschwingter wirkt.

»Schatz, was hältst du davon, wenn wir für eine Woche in Urlaub fahren?«

»Das ist eine gute Idee. Da können wir die Gegenwart von uns rund um die Uhr genießen und sehen, wie gut wir uns wirklich verstehen. Was schwebt dir so vor, abschalten, nichts tun und entspannen oder viel unternehmen, luxuriös oder lieber puritanisch?«

»Ich dachte so an eine Hütte in Dänemark. Muss nichts Besonders sein, nur einfach relaxen, spazierengehen, hier mal gucken, da mal gucken und dich immer an meiner Seite wissen. Hab da einen Katalog über Ferienhäuser.«

Sie holte den Katalog und wir blätterten ihn durch. Zuerst konzentrierten wir uns auf die Region, sollte nicht so weit im Norden liegen, um stundenlanges Fahren zu vermeiden. Dann am liebsten mit großem, naturbelassenem Grundstück, Einkaufsmöglichkeiten in nicht zu weiter Entfernung, auch zum Strand sollte es nicht übermäßig weit sein. Pool war unwichtig, Landhausambiente auch, auch keine Hütte zum Angeln und die Größe konnte sich auf vier Personen beschränken. Fünf Stück hatten wir gefunden, die ich alle vom interessantesten abfallend notierte.

»Ich check morgen mal ab, wann eins der Häuser frei ist, und dann heißt es Kofferpacken. Ich freu mich drauf.«

»Ich mich auch. Aber nicht, dass du nur rummeckerst, faulenzt und zu nichts Lust hast, außer in der Sonne herumzuliegen. Das wäre für mich der Alptraum. Alles wollen wir gemeinsam machen, das hattest du mir versprochen.«

»Dazu steh ich auch. Hab keine Lust auf irgendwelche Konfliktsituationen und schon gar nicht auf Stress. Ich glaub, du denkst genauso, und deswegen wird es ein richtig toller Urlaub mit uns beiden.«

»Mir wird langsam kalt, wollen wir ins Bett gehen? Können ja da noch weiter vom Urlaub quatschen.«

»OK!«, antwortete ich. »Ich helfe dir noch beim Abräumen.«

»Das brauchst du nicht. Geh du schon ins Bad, ich komme dann auch gleich.«

Ich stellte mich in die Wanne, um zu duschen, und ließ das warme Wasser auf mich herabfallen. Ein angenehmes Gefühl, als der Strahl auf das Gesicht prasselte, dabei verbreitete das Shampoo einen angenehmen Duft auf meiner Haut, als ich es verrieb.

Leicht und sanft wurde die Haut vom Wasser berieselt. Es lief über Kopf, Nacken und Schultern herunter, glitt über meine Brust und sammelte sich im Bauchnabel. Langsam verteilte sich der Schaum auf der gesamten Haut und der feucht dampfende Körper mit dem prickelnden Wasserstrahl verwandelte dieses karge Fliesenmeer in einen Tempel der Lust. Tausend kleine Wasserbäche liefen an den Beinen entlang und suchten sich den Weg, trieften von Haaren, Nase und Kinn herunter und landeten behutsam auf dem Boden der Wanne.

Meinen Körper in einem sinnlichen Duft gehüllt, mit einem frischen Handtuch umrahmt, ging ich ins Schlafzimmer und legte mich ins Bett. Dann kam sie und Wärme durchflutete mich wie ein Lavastrom, der sich den Weg durch das Tal bahnt. Willenlos lang ich da und es machte mich süchtig, ihre zarten Hände zu spüren.

Wie ein Feuerwerk der Gefühle, das man nie beherrschen kann, aber dessen Faszination tief im Unterbewusstsein verankert ist, berührte sie Sinne und Seele und jagte mir immer wieder Schauer über den Rücken. Intensive Emotionen spiegelten sich wider, die das funkelnde Farb- und Lichtspiel im Herzen auslösten und innerhalb weniger Augenblicke eine magische Atmosphäre schafften, die mich in den Bann zog und bei gedämpftem Licht die Fähigkeit besaß, leuchtende Farben und lautstarke Stimulationen zu erkennen.

Rubinrote, smaragdgrüne, saphirblaue Kometen fielen vom Himmel, silberne Glitzerranken explodierten in dieser Nacht, entzündeten Flammen der Leidenschaft. Ganz warm gleitete sie an meinem Körper entlang und ich sah in ihren Blicken den Enthusiasmus und Idealismus, eine starke Liebeskraft. Jede Berührung ein Funkenschlag, jede Bewegung ein explodierender Feuertopf und jede Erregung ein hoch sprühender Vulkanausbruch. Ich spürte weder Zeit noch Raum, weder Vergangenheit noch Zukunft, es war wie ein Traum. Liebkosend neigte ich mich zu ihr, ließ himmlische Geigen erklingen und genoss die Entspannung.

Hat man erst mal von einer Blüte gekostet, so ist sie in Gedanken immer dein, niemand kann uns diesen süßen Moment je wieder nehmen.

Ruhe trat ein, eine Phase der Befriedigung, der Entspannung und der Erholung.

Eine lange Zeit verstrich, bis ich in die Gegenwart zurückkam und sprach:

»Puh, ich kam mir vor, als wenn ich in einer anderen Galaxie war, wo dicht gedrängt Sterne aussehen wie eine Spur von verschütteter Milch. Es ist einfach wunderschön mit dir.«

Sie schaute mich lächelnd mit ihren blauen Augen an, strich mir über die Wange und meinte:

»Wir kennen uns noch nicht allzu lange und doch habe ich das Gefühl, dass es schon viel länger sein muss. Jedes Mal wenn wir uns sahen, wuchs die Brücke des Vertrauens mehr und festigte sich unmerklich. Ich möchte diese Zeit nicht missen, sie ist zu wichtig für mich, du bist zu wichtig für mich.«

»Ja, es gibt Menschen, die in unser Leben treten und gleich wieder verschwinden, welche, die eine Weile bleiben und plötzlich nicht mehr aufzufinden sind. Dann die, die uns eine Zeit lang Freund sind, jene, die mit uns aufwuchsen und mit denen wir unser bisheriges Leben verbracht haben.

Und dann gibt es noch solche Menschen wie *du*, Menschen, die uns vorher völlig unbekannt sind, bei denen man aber das Gefühl hat, sie schon lange zu kennen.«

»Ich weiß, mein Schatz, es ist die Liebe, der Austausch von Gefühlen, der uns schweben lässt, wenn zwei Herzen zu einer Einheit werden, wie der Treibsand einer Düne, wie der Zauber der Natur, wie das Unerreichbare, was verwirklicht wird ...«

Sie kam mir sehr nahe, legte ihre streichelnde Hand auf meine Wange und sprach weiter:

»... darum lass uns einfach treiben, uns verzaubern und uns verwirklichen. Ich liebe dich, du bist mein ein und alles.«

»Mir geht es genauso. Ich liebe dich mit allen Fasern meines Herzens. Es ist schön zu spüren, wie ich von deiner Liebe aufgefangen werde und über sie hinauswachsen kann. Du akzeptiertest mich so, wie ich bin, willst mich nicht nach deinen Vorstellungen formen, nicht den Haarschnitt, nicht die Kleidung und nicht den Freundeskreis, was bei anderen Frauen häufig passiert und von dem Mann dann nur wenig übrig bleibt. Ich habe endlich in dir gefunden, was ich schon lange gesucht habe, eine Frau, die mich versteht und mich so liebt, wie ich bin. Mit dir würde ich gerne alt werden, steinalt. Du bist das Wichtigste in meinem Leben geworden.«

»Es ist schön, wie du das sagst, auch ich werde dich nie wieder gehen lassen. Du bist der Mann, den ich mir immer schon gewünscht habe, du bist mein Mann.«

Eng kuschelte sie sich an mich und dieser enge Körperkontakt vermittelte Vertrautheit, Geborgenheit, Zuneigung und Nähe; ein Zeichen von Verbundenheit und Geliebtwerden.

Drittes Kapitel:
Jeg elsker dig heißt: ich liebe dich

3.1 Der erste gemeinsame Urlaub wird gebucht

Als ich am Morgen die Augen öffnete, stand sie wieder mit einem Kaffeebecher in der Hand vor mir und wedelte das Aroma zu mir herüber. Ihr Blick brachte mich immer wieder um den Verstand, erweichte meine Knie und machte mich zu Wachs in ihren Händen. Weit zog sie ihre Mundwinkel nach oben, ließ ihr Lächeln erstrahlen und mit ihrer unverwechselbaren Stimme verstand sie es, mich zu begeistern.

»Guten Morgen, mein Schatz, hast du gut geschlafen?«

Ich reckte und streckte mich nach allen Seiten, rieb mir die Schlafkörner aus den Augen und antwortete:

»Es war eine wunderschöne und aufregende Nacht mit dir und ich habe geschlafen wie ein Murmeltier.«

Sie küsste mich, streichelte mir übers Haar und bat mich nach dem Duschen in die Küche zu kommen. Die Morgendämmerung war bereits erwacht und ein neuer Tag begann. Ich schaute im Badezimmer aus dem Fenster und sah, wie sich die Sonne zwischen den Bäumen hervortat. Ein Flugzeug flog durch die morgendliche Sonneneinstrahlung und hinterließ einen silbernen Streifen. Vögel trillerten und sangen in höchsten Tönen. Besonders schön singen die Männchen, sie wollen so auf sich aufmerksam machen, um den Weibchen zu gefallen. Ein Eichhörnchen kletterte einen Baum hinunter und verschwand im Park.

Ich duschte, zog mich an und ging runter in die Küche. Sie hatte Brote geschmiert und meinen Kaffeebecher nachgefüllt, saß mir gegenüber und es war ein schöner Anblick, sie morgens zu sehen. Sie sah auch ohne Schminke fantastisch aus.

»Hast du heute viele Termine?«

»Ne, eigentlich nicht, muss nur in die Geschäftsstelle, einige Sachen abklären. Eine Firma mit einem größeren Fuhrpark sprach mich an und nun brauch ich einige Sonderkonditionen, um konkurrenzfähig gegen einen Mitstreiter zu sein. Aber da hab ich keine Probleme, die Konditionen, die ich haben will, werde ich schon kriegen. Sonst habe ich nur noch Büroarbeiten zu erledigen. Warum fragst du?«

»Wollte nur wissen, ob du heute Abend Zeit hast. Würde gerne mit dir shoppen gehen, wenn du Lust hast.«

Oh je, stundenlange Shopping-Arien mit einer Frau, das Grauen vieler Männer. Es war schon eigenartig, wie viel Zeit eine Frau beim Schoppen verplemperte, bevor sie was Richtiges fand. Wieso dauerte es bei uns Männer eigentlich höchstens fünfzehn Minuten, bis wir eine Hose gekauft haben? Warum gehen Frauen im Elektrogeschäft erst mal in die Kaffeemaschinenabteilung, obwohl sie doch nur eine CD kaufen wollen? Frauen können beim Einkaufen einfach nichts liegenlassen. Eigentlich sind wir selbst in den Einkaufzentren nur Neandertaler und da die Evolution uns nur im Schneckentempo verändert hat, laufen wir mit dem Hirn eines Jägers und einer Sammlerin durch die moderne Einkaufwelt.

»Na klar komm ich mit«, antwortete ich, damit sie die randvollen Einkaufstüten nicht alleine tragen musste. »Aber vorher kümmere ich mich noch um unseren Dänemarkurlaub. Wenn was frei ist, werde ich gleich für nächste Woche buchen. Kannst du denn so kurzfristig frei nehmen?«

»Das ist kein Problem. Mein Chef ist da sehr tolerant und da ich im Moment sowieso nicht viel zu tun habe, wird es schon klappen.«

Ich machte mich auf den Weg ins Büro, um einige Unterlagen einzupacken, damit ich die Verhandlung für meinen Neukunden führen konnte. Gegen Mittag war ich wieder zurück, hatte das erreicht, was ich wollte, und bereitete mein Angebot vor.

Doch vorher kümmerte ich mich um unseren Urlaub, informierte mich im Internet und bemerkte, dass es für ausgewählte Ferienhäuser Lastminute-Angebote gab. So tippte ich die Daten des ersten Objektes ein und bekam als Information, dass das Objekt frei zur Verfügung stand und der Preis sich um fast fünfzig Prozent ermäßigt hatte. Warum solch ein Preisnachlass, hatte ich mich verbucht? Ich blätterte zurück, sah mir die Bilder an und stellte fest, dass es eigentlich das Haus sein musste, das im Katalog abgebildet war, dennoch rief ich an und fragte nach:

»Nicht, dass es sich um ein Gefängnis in Istanbul handelt, um eine ausgediente Kirche oder um die Übernachtungen in einer Bahnhofsmission.«

»Nein, wir haben uns da außerordentlich ins Zeug gelegt und viele attraktive Angebote zu Spitzenpreisen zusammengestellt. Ganz besonders in einer Zeit, wo die Nachfrage nach Ferienhäusern nicht so groß ist.«

»Also kein altes zerfallenes Schloss, in dem Voodoo-Schamanen mit kleinen Figuren aus Knochen Flüche zelebrieren?«

»Nein, wirklich nicht, es sind ganz normale Ferienhäuser, wie sie im Internet zu sehen sind und für Kurzentschlossene, wie Sie es sind, gibt es diese Lastminute-Angebote.«

Ich hängte auf und buchte sofort, denn wer schnell genug war, konnte sich aus diesem frischen Angebot die süßesten Rosinen herauspicken. Eine Stunde später bekam ich die Bestätigung und die Mitteilung, dass die Unterlagen im Stadtbüro am Urlaubsort bereitliegen würden. Zusätzlich war im Mietpreis ein freier Eintritt ins Badeland enthalten. Ich freute mich wie ein Schneekönig, ging ins Schlafzimmer und schaute in den Schrank, was ich an Klamotten mitnehmen wollte. Doch ich hatte noch viele Tage Zeit, Anreisetag war erst am Samstag, so ging ich wieder ins Büro und arbeitete an meinem Angebot weiter.

Auf dem Weg zu ihr ging ich ins Blumengeschäft und kaufte eine Rose, eine langstielige. Im Schaufenster sah ich dänische Papierfähnchen und fragte nach dem Preis.

»Die sind nur zur Dekorationszwecken dort angebracht.«

»Schade, ich fahre nämlich mit meiner Süßen nächste Woche nach Dänemark und da wäre so ein Fähnchen an der Rose angebracht, weil es eine Überraschung sein soll.«

»Ja, eigentlich sind sie unverkäuflich, aber ich mach da mal eine Ausnahme und pack Ihnen eine mit ein.«

»Vielen Dank, ich will sie auch bezahlen, so ist das nicht.«

»Das ist schon OK so, Sie haben ja schon öfter bei uns Blumen gekauft.«

Ich fuhr zu ihr, brachte die Blume unversehrt ans Haus, klingelte, sie ließ mich rein, umarmte und küsste mich mit Zungenschlägen, die mich spüren ließen, dass sie mich bereits sehnsüchtig erwartete. Es kribbelte wieder in meinem Bauch, verbunden mit dem Glücksgefühl, ihr die frohe Botschaft zu übermitteln, dass wir bald eine ganze Woche zusammen sein würden.

»Überraschung«, sprach ich, wickelte die Blume aus und übergab sie ihr. Sie bemerkte sofort das Fähnchen und fing an listig zu grinsen, das Freude und ein wenig Angst synchronisierte.

»Hast du gebucht?«

»Jo, Samstag gehts los. Habe sogar fast fünfzig Prozent Rabatt gekriegt. Zuerst dachte ich, ich hätte mich verbucht und wir müssten irgendwo in einer Auto-Fabrik übernachten, hatte dann beim Veranstalter angerufen, aber es hat alles seine Richtigkeit gehabt. Jetzt gibt es kein Zurück mehr, jetzt kann ich rund um die Uhr deine Nähe genießen.«

»Wir werden sehen, wie du dich anstellst. Ein bisschen Angst habe ich schon, dass wir uns verkrachen und alles, was bisher so schön mit dir war, dahinsiecht.«

»Du brauchst keine Angst zu haben, ich freue mich, die ganze Zeit nur mit dir zu verbringen. Und damit keine Konflikte auftauchen, werde ich morgens die Brötchen holen, du deckst den Tisch, abwaschen und einkaufen tun wir zusammen und alles andere werden wir auch gemeinsam machen. Ich habe auch ein Hausstand zu führen und weiß, wie es ist zu waschen, zu putzen, essen zu kochen und und und. Gut, ich habe eine Putzfrau, aber die kommt nur einmal die Woche für zwei Stunden, damit ist meine Bude noch nicht sauber. Liebe ist am Ende des Tages nur schön, wenn sie nicht durch Spannungen zerstört wird.«

»Schön, wie du das sagst, und ich glaube dir auch. Aber man hört immer so viel über Leute, die in Urlaub fahren und anschließend feststellen, dass der Partner doch nicht so gut zu einem passt, wie man angenommen hat, und man sich danach dann trennt. Ich liebe dich zu sehr und möchte dich nicht verlieren, davor habe ich Angst.«

»Schatzi, ich liebe dich auch und möchte dich auch nicht verlieren. Wir sind zwar noch kein eingespieltes Team, haben aber eine gewisse Beziehungserfahrung und wissen, dass man einen Streit entschärft, indem man Fehler und Schwächen zugibt und versucht, sich in den anderen hineinzuversetzen. Außerdem ist unser Urlaub viel zu kurz, um sich über belanglose Dinge zu streiten. Schließlich soll unsere Woche in erster Linie eine Bereicherung sein und nicht zum Herzinfarkt führen.«

Sie schaute mich mit ihren blauen Augen an, die so schön im Licht leuchteten, einen aufhellenden Charme von sich gaben, Natürlichkeit und Klarheit ausstrahlten und die durch ihre Form, den Augenwimpern und der Größe einen spitzbübischen Ausdruck erhielten. Ihre Arme umschlangen meinen Hals und ihre Lippen nippten an meinem Ohrläppchen.

»Ich liebe dich«, hauchte sie mir ins Ohr und küsste mich daraufhin. Es war wieder einer dieser Küsse, die mehr gaben, als ich ertragen konnte. Die Vorstellung, was ich noch alles mit ihr anstellen könnte, am liebsten gleich hier und jetzt, machte mich gieriger, fordernder und erregte mich sehr. Aber es erforderte schon einiges an Selbstbeherrschung, sie nicht sofort zu vernaschen.

So nutzten wir die letzten Sonnenstrahlen aus, saßen auf der Terrasse und speisten zusammen. Es war wieder eine Gaumenfreude ohne Gleichen, ein Mix vieler Spezialitäten und zeigte, dass sie für mich eine Köchin von Welt war.

»Du, Schatzi«, unterbrach ich nach geraumer Zeit die Ruhe, »mir geht da was durch den Kopf. Man sagt, die wertvollsten Schätze liegen unter der Erde vergraben, dann kann ich dich doch in Dänemark am Strand einbuddeln, oder nicht?«

»Das möchtest Du wohl gerne, mich wehrlos ausgeliefert da liegen sehen und dass es mir die Sprache verschlägt mit dem, was du dann mit mir anstellst.«

»Nein, so hab ich das eigentlich nicht gemeint, aber der Gedanke ist gar nicht so schlecht. Du kannst dich nicht mehr bewegen, nicht hin- und herrollen, nur mit dem Kopf schütteln, das ist schon ein gewisser Kick, aber so meinte ich das nicht. Ein Schatz ist doch eine Sache, die so lange verborgen geblieben ist, bis man den Eigentümer nicht mehr feststellen konnte. Wenn man so was findet, dann darf man es doch behalten, also könnte ich dich als mein Eigentum bezeichnen.«

»Ne, so einfach ist das nicht, soviel ich weiß, hat man nur auf die Hälfte Anspruch, den Rest kassiert der Staat.«

»Das ist ja auch scheiße!«

Durch den Anfall unserer Urlaubseuphorie geriet das geplante Shopping total in Vergessenheit. Wir sprachen nur noch von Entspannung und Abschalten, von Land und Leute sehen, vom Spazierengehen am Strand, fern von Massentourismus und Bettenburg, einfach Ferien vom ich zu machen und die Seele baumeln lassen.

»Was müssen wir denn alles mitnehmen?«, erwähnte ich.

»Na Bettwäsche, Handtücher, Klamotten, paar Lebensmittel und so weiter. Bettwäsche und Handtücher pack ich schon mal ein.«

»Und Badesachen«, unterbrach ich sie. »Die Nordsee ist zwar um diese Jahreszeit zu kalt, aber wir haben freien Eintritt ins Badeland und das sollten wir ausnutzen.«

»Gut, auch Badesachen! Lebensmittel einkaufen, das können wir zusammen am Freitag machen, müssen uns nur überlegen, was wir so brauchen.«

Wir redeten noch eine lange Zeit, über unsere Liebe, die im Urlaub in einem neuen

Glanz erblühen würde, dass er romantisch und perfekt sein sollte und nichts schief laufen durfte. Dann wurde es Zeit schlafenzugehen und in meinen Träumen lag ich am Strand mit ihr, eng beieinander.

Die nächsten Tage vergingen relativ schnell und es kam der Freitag. Ich besprach meinen Anrufbeantworter, dass ich auf einem Seminar sei, denn Urlaub hatte ich dieses Jahr bereits gemacht und ich musste ja nicht den Eindruck erwecken, ständig im Urlaub zu sein. Dann legte ich schon mal meine Sachen zurecht, die ich mitnehmen wollte, und bewässerte meine Blumen. Am späten Nachmittag kam sie und so fuhren wir erst mal zum Einkaufen.

»Es lohnt sich nicht, frisches Fleisch mitzunehmen, das können wir dort holen. Wir nehmen nur Marmelade, Nudeln, vielleicht Miracoli, Gemüse, Butter, Milch, Kaffee und ein bisschen Obst mit.«

Ich nickte nur und schob den Einkaufwagen hinter ihr her. Dabei beobachtete ich sie, wie sie gedanklich ihren Einkaufzettel abhakte, wobei sie mehr einkaufte als geplant war. Zusätzlich ließ sie sich noch von Werbemaßnahmen und Sonderangeboten inspirieren. Ich griff nach einer fertigen Tomatencremesuppe, die sie mir aber gleich wieder aus der Hand riss.

»Ey, ich wollte so eine mal probieren, die braucht man nur mit ein bisschen Wasser aufkochen und schon ist sie fertig.«

»Eine selbst gemachte Tomatensuppe schmeckt immer besser und die Zubereitung dauert auch nicht länger. Dann lass uns noch Tomaten mitnehmen.«

Ich wusste, dass sie eine fantastische Köchin war, aus Nichts ein Zaubermahl kochte, ihre Fantasien einsetzte und ungeahnte Fähigkeiten entwickelte. Leider konnte ich nicht kochen, aber im Prinzip muss man eigentlich nur ein paar grundlegende Dinge beherrschen. Vielleicht sollte ich mich ein bisschen über Lebensmittel informieren, über Formen der Zubereitung, wie kochen, braten, grillen, dämpfen, backen, und vielleicht ein paar Grundrezepte erlernen, dann konnte ich sie auch mal mit einem Essen überraschen.

Plötzlich sah ich das Einkaufen aus einer völlig anderen Perspektive, blieb an den verschiedensten Lebensmitteln stehen, sah sie mir von allen Seiten an und studierte teilweise die Zubereitungshinweise. Erstaunlich, Artischocken kann man essen, das sind also keine Blumen, genau wie der Fenchel, der wäre bei mir im Blumenkasten gelandet, und die Lauchzwiebeln sahen aus wie Grashalme.

»Was macht man denn mit Süßkartoffeln, die sehen so rot aus?«, wollte ich wissen.

»Die werden wie normale Kartoffeln geschält und gekocht. Man kann daraus auch Pommes machen, sie braten, frittieren und zum überbacken nehmen. Sie schmecken lieblich, weil sie viel Zucker enthalten.«

»Aha, und dies hier?«

»Das ist eine Sternfrucht, die nimmt man meistens zum Garnieren. Man kann sie auch essen, besteht aber nur aus Wasser.«

»Und was macht man aus diesen Dingern hier?«

»Das sind Litschis, eine Obstart, kann man für einen Obstsalat verwenden. Bei dem Chinesen Ying und Yang, wo wir waren, da gab es doch ein Begrüßungsdrink, und darin, das war eine Litschi.«

»Aha, die weiße Pflaume an dem Pikser, das sind solche Dinger, aha. Und wieso stehen hier Blumentöpfe in der Gemüseabteilung?«

»Das sind keine Blumentöpfe, das sind Küchenkräuter. Das ist Majoran, dies hier Thymian und das Basilikum.«

Erstaunlich, was die Frau alles wusste. Wir gingen weiter und ich sah so viele exotische Sachen, die mir zwar schon ein Begriff waren, aber in meiner Küche bisher keine Verwendung fanden. Ingwer, diese verkrüppelten Wurzeln, diente also als Gewürz – und ich dachte, die würden für Medikamente gegen Übelkeit verarbeitet. Da, Papaya, die kannte ich, die schmecken süß und lecker, haben aber zu viele Kerne.

»Schatzi, warum ist dieser Reis so schwarz und dreckig. Muss man den erst schälen oder wäscht sich der Dreck von alleine runter?«

»Das ist Wildreis, das gehört so. Er ist eine Delikatesse und hat so einen nussartigen Geschmack. Wird zubereitet wie ganz normaler Reis. Möchtest Du ihn mal probieren?«

»Ja schon, aber was isst man dazu oder wird der nur so gegessen?«

»Meistens isst man ihn zu Wild oder Fisch, aber man kann auch alles andere dazu essen. Man kann auch Salat aus wildem Reis machen oder als Bratreis mit Hähnchenbruststücken, Champignons und Paprika.«

»Oh, das hört sich gut an, das möcht ich mal probieren. Dann lass uns mal so eine Packung mitnehmen. Hähnchenbrustfilets und Paprika können wir in Dänemark kaufen. Lecker, ich freu mich schon drauf.«

»Ich habe alles, bist du auch fertig? Dann können wir zur Kasse gehen.«

»Wart noch einen Moment, will noch diesen Gang runterschauen. Mein Gott, was gibt es hier alles an Nudeln. Rigatoni, Macceroni, Penne Rigate, Fusilli, Tortiglioni, Girandole, Gemeli, Penne Lisce, Pipette Rigate, Gnocchi, Gorbetti, Maccheronicini, Capellini, Spaghetti, Spaghettoni, Bavette, Lasagne, Bandnudeln, Farfalle, Spirelli, Hörnchennudeln, Muschelnudeln, Sternchennudeln, Buchstabennudeln, Fadennudeln, Glasnudeln, Reisnudeln, sogar rote und grüne Nudeln. Ne komm, lass uns gehen, das wird mir alles ein bisschen zu viel.«

Wir zahlten und fuhren nach Hause. Die eingekauften Lebensmittel verstauten wir in einer Klappbox und stellten sie zur Mitnahme in den Flur.

»Sag mal, wie kommt ihr Frauen mit all den Lebensmitteln klar, die es im Supermarkt gibt?«

»Tja, wir sind eben Frauen. Nein, meine Mutter hat sieben Tage in der Woche stundenlang in der Küche gestanden und für meinen Vater, meiner Schwester und für mich gekocht. Dabei hab ich ihr immer wieder gerne über die Schulter geschaut und so das Kochen und die vielen Produkte kennengelernt. Naja, und mit ein wenig Handgeschick und Kreativität lernt man im Laufe der Zeit immer mehr.«

»Das werde ich ab jetzt auch tun, dir über die Schulter schauen, denn ich will dich auch mal bekochen. Für mich war kochen nie eine Leidenschaft, wenn ich mal eine Entrecote gebraten habe, dann war es anschließend eine Berber-Sandale, und wenn ich mal Nudeln kochte, dann in den Variationen ungesalzen und verkocht. Außerdem ist es nicht mein Ding, Tierleichen in Marinade zu massieren. Aber jetzt hab ich mir vorgenommen, es zu lernen, und du hilfst mir dabei.«

»Du, ich koche gerne und ich fühle mich stolz, wenn ich dir ein schönes Gericht auf den Tisch stellen kann. Wir werden ab sofort zusammen einkaufen und kochen. Ich find das schön, wie du denkst, freu mich schon auf dein erstes Essen.«

»OK! Ich muss noch mal kurz ins Büro, bin gleich wieder da.«

Ich ließ den Computer hochfahren und suchte im Internet nach Gerichten, die man spielerisch zubereiten konnte, denn ich wollte in unserem Urlaub ein Essen für uns beide zubereiten, das hatte ich mir vorgenommen und ohne dass sie es wusste. Spaghetti mit Soße aus geschälten Tomaten, mit Hack und Gemüse. Bewertung fünf Sterne, Zubereitung simple, Zeitaufwand 15 Minuten, das hörte sich gut an, das schaffte auch ich, das wurde genommen. Ausgedruckt ließ ich das Rezept in meinem Portemonnaie verschwinden und freute mich schon jetzt auf den riesigen Erfolg.

»Bin schon wieder da«, sprach ich freudestrahlend, während sie mir entgegenkam und mich umarmte. Sie spitzte ihre Lippen und glitt über meine, entfernte sich und schaute mir tief in die Augen, kam wieder näher, spitzte abermals ihre Lippen und fuhr streichelnd über meinen Mund. Sanft zog sie an der Unterlippe und ließ sie gleich wieder los, schnappte nochmals nach ihr und hielt sie fest. Dann ließ sie ihre Zunge spielen. Sie war warm und feucht und brach jeden Widerstand in mir, huschte schnell, kräftig und mit schier unerschöpflicher Bewegungsvielfalt umher. Ihre vollkommene Beschaffenheit war für eine erotische Erregung prädestiniert. Es strömte Lebensenergie in mich hinein und wiederum zu ihr zurück. Ihre Zunge war wie ein Zauberstab der Glückseligkeit, über der alles ausgebreitet wurde, was sie berührte, und dann den Funken versprühte, der unsere Lebenskräfte miteinander verband.

3.2 Dänemark, das Land der Wikinger und Moorleichen

Am nächsten Morgen waren wir beizeiten aufgestanden, hatten ausgiebig gefrühstückt und fuhren los in die schönste Zeit des Jahres, von der wir noch lange erzählen würden, von Sonne, Strand und Städtetouren, vielleicht aber auch von Pech, Pannen und Pleiten. Vier Stunden später waren wir an unserem Ferienort, im Land der Wikinger und Moorleichen, erhielten unsere Unterlagen und den Schlüssel für das Haus.

Es lag mitten in einem Wald, umgeben von hohen Bäumen auf einem naturbelassenen Grundstück in der Nähe eines Naturschutzgebietes und einer Dünenplantage. Der Supermarkt war nicht weit entfernt und auch das Feriencenter mit Erlebnisbad und Bowlingbahn war in greifbarer Nähe.

Wir brachten unsere Sachen ins Haus und während mein Schatz die Betten bezog, verstaute ich die Lebensmittel. Als ich fertig war, ging ich ins Schlafzimmer, um zu helfen, sah, wie sie die Bettdecke glatt strich und mir ihren wundervollen runden Hintern entgegenstreckte.

Ich schubste sie aufs Bett, sprang mit einem Satz zu ihr, küsste sie leicht auf die geöffneten Lippen und wollte am Bauch über ihr T-Shirt streicheln, als sie mich mit einem Kissen bewarf und sich schnell wegrollte. Rückwärts auf allen vieren versuchte sie mir zu entkommen, dabei rutschte ihr T-Shirt nach oben und ihr reizender Bauchnabel strahlte mir entgegen. Meine Hand erwischte sie am Fuß, ich zog mich an sie heran und verführerisch streckte sie mir ihren Mund entgegen. Mit beiden Händen umklammerte sie mich und wir küssten uns mit einer Leidenschaft, die den Brennstoff in mir zum Lodern brachte. Plötzlich zog sie sich zurück, schubste mich sachte weg und lächelte.

»Lass uns erst alles fertig machen, wir haben noch so viel Zeit.«

Ich half ihr, die Betten zu richten, wobei ständig die Kissen flogen und wir uns immer wieder in den Armen lagen und küssten.

»So, nun ist genug«, sagte sie, »raus aus dem Schlafzimmer, sonst werden wir nie fertig.«

Ich gehorchte, ging durchs Wohnzimmer auf die Terrasse und schaute in die grünen Kronen der Bäume. Keiner kannte die Angewohnheiten der Hausbewohner so gut wie sie, die imposanten Bäume, die seit Tausenden von Jahren das Leben der Menschen begleiteten. Ihr Rauschen im lauen Wind beruhigte und unter dem grünen Dach waren sogar die heißen Sommertage angenehm. Als Kind kletterten wir gerne solche Bäume hinauf und das Schwanken der Äste unter unseren Füßen empfanden wir als besonderen Kick. Plötzlich spürte ich, wie sich zwei Arme von hinten um meine Taille legten und eine samtweiche Stimme erklang:

»Ich bin so glücklich mit dir, es ist so wunderschön, bei dir zu sein. Du bist so was von begehrenswert, ich möchte, dass du immer bei mir bleibst. All meine Gedanken drehen sich nur um dich. Seit wir uns kennen, hat sich mein Leben total gewandelt, ich liebe dich.«

Worte, die mich tief bewegten. Gedanken an die schöne Zeit, die wir miteinander verbracht hatten und noch verbringen würden, kreisten durch meinen Kopf. Gefühle, etwas für sie zu sein und ewig sein würden, durchfluteten meinen Körper. Glück spürte ich, innere Zuneigung und jede Menge Romantik. Niemals durfte die Flamme unserer Liebe erlöschen. Ich drehte mich um, nahm sie in den Arm, eng umschlungen standen wir da und genossen den Augenblick der Gefühlsbewegung.

»Komm, lass uns spazierengehen«, sagte sie.

»Lass uns ins Dorf fahren und dort ein bisschen bummeln. Ich hab da einen Stand mit Hot Dog gesehen, die kann man mit keinen anderen auf der Welt vergleichen.«

Wir fuhren los, parkten das Fahrzeug vor einem Supermarkt und schlenderten Hand in Hand die Straßen hinunter. Links und rechts befanden sich Boutiquen, Lebensmittelmärkte, Cafés, Pubs, Kunsthandwerk, Schmuck, Bernstein, dänisches Design, Sportbekleidung, Kinderspielzeug, Souvenirs, Haushaltsinventar, Anglerbedarf, Mode und noch andere Geschäfte der verschiedensten Art. Ich sah den Hot-Dog-Stand.

»Da ist der Stand. Komm, lass uns einen Hot Dog essen. Diesen dänischen Klassiker muss man gegessen haben, wenn man schon mal hier ist.«

»Oh ja, das hört sich lecker an mit dänischem Ketschup, Senf und der leckeren Mayonnaise, ganz mein Fall.«

Ich stellte mich an. Vor mir stand ein Farbiger, der sich ausgiebig mit dem Verkäufer auf Dänisch unterhielt. Neugierig hörte ich dem Gespräch zu.

»Hvor laenge har du vaeret Danmark?«

»Jeg har vaeret i Danmark i to maneder, kommer fra Namibia.«

»Er det rigtigt? Men du taler da flot dansk.«

»Tak. Mine foraeldre er danskere. Min mor bor her, og min far bor in Namibia. Jeg kom for a besöge min mor.«

Ich verstand nur böhmische Dörfer, eine Sprache, die sich anhörte, als wenn man beim Sprechen rülpst. Eine weitere Verkäuferin kam, die glücklicherweise deutsch sprach.

»Gute dag, was möchte se habe?«

»Ich hätte gern zwei von den leckeren Hot Dogs, bitte.«

»Mit Tsvibln und Gurkn?«

»Ja gerne, komplett bitte!«

Sie waren einfach lecker, diese dänischen Hotdogs mit Pölserwurst, Röstzwiebeln und sauer eingelegten Gurkenscheiben. Ein Grund, immer wieder nach Dänemark zu fahren, da nur hier die Hot Dogs richtig gut schmeckten.

Der Abend nahte und wir fuhren zurück ins Ferienhaus. Sie bereitete das Essen vor, ich beobachtete jeden Handschlag von ihr, wollte lernen, wie man es fertigbringt, mit wenig Aufwand ein Essen zu zelebrieren.

Es schien alles so einfach, so unkompliziert, kinderleicht, verständlich, idiotensicher zu sein. Fleisch von allen Seiten anbraten, bis es eine aromatische Kruste gebildet hat und innen saftig ist, dann würzen und schmoren lassen. Eine mühelose Sache, die mich animierte, morgen selber zu kochen, um meine Herzallerliebste zu überraschen.

Am nächsten Morgen ging ich zum Supermarkt, der gleichzeitig über Backwaren verfügte, kaufte frische Brötchen und suchte dann im Markt nach den Utensilien für mein Rezept. Ich brauchte Hack, OK, an der Fleischtheke; geschälte Tomaten, zwischen den Dosen; Wurzeln, Gemüseabteilung; und Porree …, wo fand ich Porree? Ich fragte nach und sie hatten keinen. Scheiße, dachte ich mir, und was mach ich nun? Sie gab mir einen Tipp: beim Gemüsebauer, der hätte einen Hofladen hier um die Ecke drei Straßen weiter, da könnte ich so was kriegen.

Die drei Straßen entpuppten sich als eine Ewigkeit des Gehens und dann sah ich ihn. Hier hätte ich auch meine drei Wurzeln einzeln kaufen können, statt einem Kilo im Beutel. Als ich zurückkam, wurde ich bereits sehnsüchtig erwartet:

»Wo warst du so lange? Der Kaffee ist schon fast wieder kalt.«

»Ich habe noch eingekauft, heute werde ich kochen und du kannst deine Beine auf dem Sofa lang machen.«

»Was gib es denn?«, wollte sie wissen.

»Lass dich einfach überraschen. Es gibt aber keine Garantie, ob es schmeckt.«

»Das finde ich toll, dass du für mich kochen willst, aber ich dachte, du kannst nicht kochen.«

»Naja, so zwei Sachen kann ich schon, alles andere will ich doch lernen. Ich hab da ein Rezept im Internet gefunden, das ist ganz leicht.« Voll Stolz schmiss ich mich dabei in die Brust, als würde es die Gaumenfreude aller Gaumenfreuden werden.

Am frühen Nachmittag fing ich an, klebte mir das Rezept an den Hängeschrank, nahm einen Kochtopf und legte das Hack hinein. Von allen Seiten anbraten und dann würzen, so hatte ich es mir gemerkt.

»Ich geh mal davon aus, dass es eine Hackfleischsoße werden soll, dann musst du das Hack mit dem Kochlöffel klein machen und nicht wie eine Riesenfrikadelle anbraten«, rief sie mir zu.

Wieder was dazugelernt. Ich nahm den Kochlöffel und stocherte im Topf herum, bis das Hack aussah, als schmorten kleine Würmchen im eigenen Saft. Zwischendurch schnitt ich die Wurzeln und den Porree in kleine Scheiben bis wiedermal ein Einwand zu hören war:

»Die Wurzeln hättest du vorher schälen

müssen und beim Porree die äußersten Blätter abmachen. Dann musst du sie ausgiebig waschen, damit der Sand ausgespült wird, sonst hast du den später zwischen den Zähnen. Am besten du nimmst dir ein Sieb, spülst den Porree ordentlich ab und nimmst dabei die welken und unansehnlichen Stücke heraus.

Sie beobachtete mich also. Wie sollte das eine Überraschung werden, wenn sie mich vom Sofa aus im Visier hatte? Das war der Nachteil einer offen stehenden Küche. Man roch nicht nur im ganzen Haus, was gekocht wurde, man konnte auch von Weitem jedem auf die Finger sehen.

Ich spülte und spülte und damit es seine Ordnung hatte, spülte ich nochmals den Porree ab, schälte neue Wurzeln, denn davon hatte ich ja genug, tat die Tomaten in den Topf, etwas Tomatenmark dazu und das kleingeschnittene Gemüse.

»Wie viel Salz muss rein?«

»Du hättest das Hack auch gleich am Anfang salzen und pfeffern können. Lass mich mal probieren.«

»Ne, hau ab! Das ist mein Essen, was ich hier koche, also wie viel Salz?«

»Abschmecken, nicht mehr als ein Teelöffel und ein bisschen Pfeffer, dann Temperatur runterstellen und ungefähr eine Stunde köcheln lassen.«

Eine Stunde, davon stand im Rezept nichts, nur die Zubereitungszeit von 15 Minuten, die ich zwischenzeitlich schon um das Dreifache überschritten hatte. Nun gut, Zubereitungszeit und Kochzeit sind also nicht das Gleiche, gut, dass sie mir das gesagt hatte, sonst hätten wir heute Rindersushi essen müssen.

Ich ließ es köcheln, legte mich zu meiner Süßen aufs Sofa, meinen Kopf in ihrem Schoss gebettet, und spürte die Wärme ihrer Schenkel, die durch die Jeans an meine Wange drang. Zärtlich streichelte sie mir mit den Fingerspitzen übers Haar, die daraufhin in meinem Haaransatz verschwanden, während meine Hand langsam die Innenseite ihrer Oberschenkel streichelte. Schnurrend wie eine Katze saß sie da und genießerisch zog sie seufzend die Luft durch die geschlossenen Zähne. Ihr Gesicht konnte ich nicht erkennen, doch spürte ich, dass es ihr gefiel.

»Es ist schön, dich hier auf meinem Schoß liegen zu haben«, hörte ich aus den geschlossenen Zähnen, durch die sie tief einatmete und anschließend die Lungen wieder total entleerte, »aber du muss auf das Essen achten, sonst brennt es an. Rühr lieber mal um.«

Sie hatte Recht, ich durfte mich nicht von dem Zauber ihrer Nähe verleiten lassen, denn mein erstes allein gekochtes Essen sollte ja nicht bitter, rauchig oder verbrannt schmecken. Es war Zeit, die Nudeln aufzusetzen. So studierte ich erst mal die Verpackung, brachte reichlich Salzwasser zum Kochen und ließ sie hineingleiten. Dann deckte ich den Tisch, mit Servietten und so, zündete zwei Kerzen an und tischte auf.

Ich beobachtete sie, wie sie gekonnt die Spaghetti am Tellerrand um die Gabel drehte, während ich immer noch zusätzlich einen Löffel benutzen musste und mir trotzdem die Hälfte danebenfiel. Zudem hätte ich eigentlich die farblich passende Kleidung zur Soße tragen müssen, um der ausartenden Sauerei vorzubeugen.

»Mmmh, schmeckt gut, hätte ich dir nicht zugetraut. Nur mit dem Würzen, das musst du noch lernen. Fehlt noch ein wenig Salz.«

»Ja, mit Gewürzen steh ich auf Kriegsfuß, entweder ungesalzen oder versalzen. Aber lieber zu wenig als zu viel. Freut mich, wenn's dir wenigstens ein wenig schmeckt, alles andere lerne ich noch.«

»Ne, das ist schon lecker und durch das Gemüse hat es irgendwie eine persönliche Note.«

»Wollen wir nach dem Abwaschen an den Strand gehen?«

»Oh ja, den Sonnenuntergang beobachten, das machen wir. Aber ich nehme lieber eine Jacke mit, wird bestimmt kühl sein am Wasser.«

Es war bereits später Nachmittag geworden, als wir am Strand ankamen. Die Sonne strahlte noch in ihrer vollen Größe und die Wolken sehen aus wie weiche, flauschige Wattebäusche, die langsam vom sanften Wind getrieben weiter zogen. Der Strand war menschenleer. Eng umschlungen stampften wir durch den weißen, weichen Sand und suchten nach einer geschützten Düne. Sie setzte sich zwischen meine Beine, lehnte sich an meinen Brustkorb und mein Herz klopfte vor unbändiger Freude. Leichtes Rauschen der Wellen war zu hören und wir starrten hinaus aufs Meer, der Sonne entgegen. Langsam wurde es dunkler, die Sonne sank und spiegelte das Wasser in Tausenden von Farben. Wolken waren kaum noch zu sehen, als die glühende Kugel dem Horizont entgegentrat.

Meine Süße schmiegte sich sanft an meinen Arm und mir wurde ruckartig warm.

Gemeinsam beobachteten wir die letzten Sekunden, bis die Sonne nach einem fast magischen Lichtermeer verschwand. Die noch übrig gebliebenen Strahlen ihrer Schönheit erleuchteten zum letzten Mal an diesem Tag das Meer und ein blutiges Rot machte sich breit. Tiefe Spiegelungen auf der Wasseroberfläche waren zu sehen, als sie ihren vorbestimmten Weg nahm und den Tag zur Nacht werden ließ. Nun war sie fort und langsam wurde es dunkel und diesen Augenblick der Zweisamkeit gaben wir nie wieder her. Alles, was im Sonnenlicht so farbig war, erschien jetzt grau in grau. Sie drehte ihren Kopf zu mir, gab mir einen Kuss und flüsterte:

»Es ist so schön mit dir, du bist so lieb und romantisch, ich liebe dich!«

Wir fuhren zurück, entledigten uns der Klamotten, die den halben Strand beinhalteten, und gingen Duschen. Zärtlich seifte sie mich ein, wusch mir die Haare, in denen der Sand nur so knirschte. In Handtüchern eingehüllt, setzten wir uns auf die Couch.

Gemächlich öffnete ich das bis zum Dekolleté geschlossene Tuch und ihr praller Busen sprang mir förmlich entgegen. Wie wundervoll diese Rundungen waren, wie weich und geschmeidig die Haut und welch zarte Farbe die Warzen hatten. Ausgiebig betrachtete ich sie, schaute ihr ins Gesicht und es gab keinen interessanteren Anblick, als einen Menschen zu sehen, dem man jegliches Vertrauen, alle Hoffnung, seine Liebes- und Lebensfähigkeit geschenkt hatte. Meine Hände erkundigten ihren Körper, streichelten diese samtweiche Haut und der Geruch ihres Körpers puschte mich auf, trieb meine Lustkurve in die Höhe.

Es war wie das Free-Solo-Klettern, das im Alleingang ohne technische Hilfs- und Sicherungsmittel ausgeführt wurde, die ungeschminkte Auseinandersetzung zwischen Mensch und Berg, wo die Macht über den eigenen Körper dominierte und nur der Weg das Ziel war. Eine persönliche Herausforderung, die eine hohe Lebensintensität mit sich brachte mit Leidenschaft und Begeisterung und dessen Erlebnisse durch Inspiration und Motivation gestärkt wurde. Man befand sich vor einer strukturierten, überhängenden Wand, kannte jeden Griff, jede Handhabung so gut, dass die Route problemlos vor dem inneren Auge bezwungen werden konnte. Eine beeindruckende Bewegungsabfolge mit andauernden anspruchsvollen Zügen. Es war warm, der Körper und die Hände schwitzten, Nervosität trat auf, doch das Gefühl war gut.

Die rechte Hand streifte in die Höhe, die sehr dynamisch war, doch die Finger platzierten sich nicht. Man wurde langsam verrückt und stellte stets die reizvollsten Fassetten in den Vordergrund, stieß an die eigenen Grenzen, versuchte das eigene Limit zu finden und es immer weiter zu verschieben, sich den Ängsten zu stellen, sie zu überwinden, neue Ziele zu finden und letztendlich zu erreichen. Langsam entschwanden die Kräfte, eine Pause wurde eingelegt, eine Pause der Entspannung, doch nach kurzer Zeit ging man weiter zu Werke, denn der Gipfel war noch nicht erreicht.

Langsam näherte man sich der Krönung, erklomm das Höchstmaß, die Bestimmung, die nicht mehr weit war, und je länger der Weg nach oben war, je mehr Kurven er hatte, desto berauschender war der Berg der Ekstase. Der Pulsschlag wurde schneller, der Blutdruck stieg, die Angespanntheit verstärkte sich und man entschwand in einem Begeisterungstaumel. Es wurde zunehmend heißer, hektischer und stürmischer. Man kämpfte mit dem Aufstieg, mit der enormen Anstrengung, war auf sich allein gestellt und wollte immer höher hinaus, immer weiter voran, bis die Kräfte nachließen. Doch dann nahte der Erfolg, der Triumph, das Glück, der Sieg, das Resultat eines Kraftaktes, die Erstürmung des Gipfels, das Bezwingen der Lust, die Entledigung sämtlicher Keimzellen.

Geschafft ließ ich mich fallen, wartete, bis die krampfartige Anspannung nachließ, dass das abgekämpfte und kraftlose schwand. Es war wieder mal ein Erlebnis, welches innere und äußere Vorgänge mit positiven und negativen Empfindungen verknüpfte. Nun hieß es, sich auf die eigene Mitte zu konzentrieren, damit Körper und Geist zur Ruhe kamen und gleichzeitig eine Beruhigung des Pulses und der Atmung hervorrief. Dann die vertraute Stimme des herzallerliebsten Weibes:

»Lebst du noch?«

»Ja, so am Rande. Ich komm mir vor wie das Drehgewinde eines Zahnpastatubendeckels, bin noch ganz benommen von dem Gefühl der Hilflosigkeit und der schutzlosen Hingabe. Du glaubst gar nicht, wie ich dich begehre.«

»Ich weiß, mein Schatz!«

»Was weißt du?«

»Na, dass du mich begehrst. Das will ich auch so, denn niemals sollst du das fieberhafte Gefühl bekommen, nach einer anderen Frau zu verlangen.«

»Das will ich auch gar nicht. Ich weiß, was ich habe, aber ich weiß nicht, was ich kriege.«

Sie küsste mich – sehr fordernd und leidenschaftlich, als wollte sie ihrem Leitsatz noch mehr Ausdruck verleihen.

3.3 Ein verregneter Tag

Es dämmerte bereits, als ich wach wurde. Tief und fest schlief meine Süße noch neben mir, als ich mich aus dem Zimmer schlich. Ich ging zum Bäcker und kaufte Brötchen für das Frühstück. Dann ging ich weiter zu einem Geschäft für Kunsthandwerk, blieb stehen und betrachtete die Auslage im Fenster. Da war etwas, was mich interessierte, doch der Laden hatte noch zu. Eine Frau lief mir über den Weg und fragte, ob sie mir helfen könnte.

»Ja, mich würde eines dieser Steinherzen da im Fenster interessieren, aber der Laden hat noch zu.«

»Ist keine Problem, ich schließe auf und dann wir können reingehen.«

Wir gingen rein und ich schaute mich um. Es gab so viele schöne Dinge, die mein Herz bewegten. Ein Mann im Smoking und eine Frau in Weiß aus kleinen Kieselsteinen. Dort Damwild aus kleinen Holzstücken und hier Armreifen mit Emaille gebrannt. Aber alles nichts, was mich wirklich vom Hocker riss. Ich ging zu den Herzen zurück und deutete auf eins.

»Ich kann leider kein dänisch, was steht denn da drauf?«, wollte ich wissen.

»God bedring heißt: Gutes Besserung.«

»Aha, und das hier?«

»"Tilykke med födsedsdagen, Herzliche Glückwunsch zum Geburtstag.«

»Und dies?«

»Jeg savner dig, ist so viel wie: ich vermissen dich.«

»Hm, kommt der Sache schon näher.« Ich schaute weiter, als sie auf einmal sagte:

»Ich wissen, was Sie suchen, Sie glücklich ausschehen, wie verliebt. Viele Menschen sind gekommen hier mit so eine Gesichtsausdruck zum Kaufen für ihre Liebste.«

Sie ging zum Verkaufstresen, griff in eine der Schubladen, holte ein in Seidenpapier eingewickelte Stück hervor, wickelte es aus und es war ein weiteres Herz, noch schöner und noch hübscher, noch vollendeter als die anderen.

»Diese heißt: Jeg elsker dig, in Deutsch: ich lieben dich.«

»Ja genau, das möchte ich haben.«

Ich zahlte und ging schleunigst zurück, deckte den Tisch, legte das Herz auf ihren Teller und ließ Wasser durch die Kaffeemaschine laufen. Dann schlich ich ins Schlafzimmer. Der Raum war durch die zugezogenen Vorhänge fast dunkel und ich konnte nur die Konturen ihres Körpers erkennen. Sie lag mit dem Rücken zu mir, den Kopf auf den Unterarm gestützt. Ich setzte mich auf den Rand des Bettes. Jetzt war sie in greifbarer Nähe und ich hob meine Hand, um ihre Schulter zu berühren. Leise hörte ich das Atmen und sah, wie sich der Oberkörper im Rhythmus bewegte. Mit einer Hand fuhr ich an den kaum sichtbaren Schulterblättern entlang und folgte der Linie ihrer Wirbelsäule. Der Körper entspannte sich etwas und die Atemgeräusche wurden etwas lauter, als sie ihre Augen aufschlug.

»Guten Morgen, mein Schatz. Frühstück ist fertig!«

»Du bist schon auf? Ich hab gar nicht bemerkt, wie du aufgestanden bist.«

»Das musst du auch nicht. Du hast Urlaub und ein wenig möchte ich dich auch verwöhnen.«

»Du bist so lieb zu mir«, hauchte sie mir zu und gab mir ein Bussi. Danach stand sie auf, ging mit mir in die Essecke und sah das Herz.

»Wo hast du denn das her«, wollte sie wissen.

»Das hab ich vorhin auf dem Weg vom Bäcker gekauft.«

»Danke, das ist süß von dir.«

»Das Dänische da, das heißt auf Deutsch: ›Ich liebe dich‹ und soll an unseren gemeinsamen Urlaub erinnern.«

Sie konnte ihre Gerührtheit nicht verbergen, eine Träne lief ihr über die Wange, eine Träne des Glücks. Ich fing sie mit dem Finger auf und küsste ihre feuchten Augenlider. Dann trafen sich unsere leicht geöffneten Lippen und unsere Zungen berührten sich sanft wie Schmetterlingsflügel.

Nach dem Frühstück machten wir einen ausgiebigen Sparziergang durch das Waldgebiet. Überall wuchsen Kiefern, ein toller Baum, den ich selbst als Weihnachtsbaum super fand. Da sie sich dem Wind und dem Licht hingeben, ist ihr Wuchs nicht immer ganz gerade und so hatten sich viele Kronen ineinander verheddert. Tief holte ich Luft, um die Ausdünstung der Bäume in meinen Lungen aufzunehmen. Es war still geworden, als atmete man kaum, und dennoch hörte ich das Rascheln der Wipfel. Da! Ein Eichhörnchen schwang sich von Ast zu Ast, ein possierliches Tierchen, das auf Nahrungssuche war. Freudestrahlend schauten wir ihm hinterher, als sei es ein unbekanntes Wesen. Zärtlich schaute mich Eva an, legte ihren Kopf auf meine Schulter und ich spüre, wie sich ihr Glück auf mich übertrug.

Eng umschlungen gingen wir weiter, schauten uns Ferienhäuser an, die vom Luxus nur so prahlten. Ein Ehepaar kam uns Hand in Hand entgegen und grüßte freundlichst. Auch sie waren glücklich, das sahen wir. Wir durchwanderten die ganze Gegend und waren erst Stunden später wieder im Haus. Gemeinsam bereiteten wir das Essen vor, denn der späte Nachmittag war bereits angebrochen.

»Wollen wir heut Abend ins Bowlingcenter und dort ein Bierchen trinken?«, fragte ich, worauf sie zustimmend antwortete:

»Oh, das ist eine gute Idee, auf ein Bier hätte ich jetzt auch Appetit.«

»Alkohol ist hier in Dänemark durch die Steuern sehr teuer, was den Dänen aber nicht davon abhält, selber zu saufen. Wenn sie feiern, dann feiern sie von abends um sieben bis morgens um sieben, frei nach der Devise: wenn schon besaufen, dann richtig. Zu essen gibt es auf solchen Feiern nichts, höchstens ein paar Chips, die dann auf dem Tisch so herumliegen. Schnaps muss jeder selbst mitbringen.«

»Woher weißt du das?«

»Ich war vor vielen Jahren mal mit einem Freund hier in Dänemark, allerdings auf der anderen Seite, und da haben wir Dänen in einer Kneipe kennengelernt, die uns das erzählten. Die Kneipe musste übrigens frühzeitig schließen, weil kein Bier mehr da war, so was kann hier auch vorkommen, war aber ein lustiger Abend.«

Kurz vor dem Dunkelwerden gingen wir los, setzten uns an den Tresen und ich bestellte zwei Bier. Ich hatte Durst auf dieses frisch gezapfte Bier mit dem feinherben, würzigen und zart gehopften Geschmack und dem vollendeten veredelten Premium-Charakter und so hatte ich meines bereits geleert, während meine Süße noch ein fast halb volles Glas vor sich stehen hatte.

»Bitte noch zwei Bier«, sprach ich zu der Bedienung, der die Gläser nahm, das halbvolle ausgoss und sie wieder füllte.

»Äh, Hallo, das eine Glas war noch fast halb voll«, legte ich als Veto ein.

»Oh, Entschuldigung, das tut mir leid«, entgegnete er. »Ich dachte, Sie wollten es nicht mehr trinken. Aber das ist kein Problem, ich berechne dann für die Biere nur die Hälfte, ist das OK für sie?«

»Das ist OK für mich.«

Na logisch ist das OK für mich, bei den horrenden Bierpreisen freut man sich doch, wenn man nur die Hälfte zahlen braucht, dachte ich mir und schaute mich in diesem Center um.

Es war wenig los, gerade mal vier Personen, die von den zig Bahnen zwei bevölkerten. Mein Blick wanderte weiter und unsere Augen begegneten sich. Ein Lächeln breitete sich auf unseren Lippen aus. Es war schön, in ihrer Nähe zu sein und zu wissen, dass sie mein war. Vorsichtig und unaufdringlich trat sie in mein Leben, immer fester wurde unsere Bindung und immer größer das Vertrauen zwischen uns. Ich liebte diese Frau abgöttisch, konnte es kaum in Worte fassen. Was war ich nur für ein Glückspilz. Vor Monaten war sie mir noch völlig unbekannt gewesen, doch dann, als wir uns das erste Mal trafen, da hatte ich plötzlich das Gefühl, diesen Menschen schon so lange Zeit zu kennen.

»Was guckst du so?«, unterbrach sie meine Gedanken.

»Ich habe gerade festgestellt, was für ein Glückspilz ich bin. Kannst du dir vorstellen, was die Momente mit dir für mich bedeuten, wie geborgen ich mich fühle? Du schenkst mir so viel Kraft, Ruhe und Vertrauen …«

Doch bevor ich meinen Satz vollenden konnte, zog sie mich mit sanfter Gewalt zu sich, legte ihre Arme um meinen Hals, schloss ihre Augen und öffnete meinen Mund mit ihrer Zunge. Ein intimes und erotisches

Gefühl entstand, als sie nach meiner Zunge tastete. Sie war eine Rassefrau, wusste, wie sie eine Liebeerklärung wortlos verfasst. Ein Kuss kann durchaus mehr sagen, als alle Worte es überhaupt beschreiben konnten.

Ich hielt sie im Arm und wir lachten, auch wenn sich unsere Ideen in verrückte Spinnereien verwickelten. Eine Ironie, die wir beide mit dem Wissen nutzten, dass jeder von uns sie versteht und sogar beantwortet. Ich bestellte zwei weitere Biere und wir führten unsere Gespräche weiter, die tiefsinnig, ausgelassen, ebenso nachdenklich und albern waren.

Dann wurde es spät und es wurde Zeit zurückzugehen. Mit beiden Armen um meine Taille geschlungen, den Kopf an meiner Schulter, marschierten wir die schlecht beleuchteten Wege entlang, die von Fahrspuren nur so übersäht waren. Übermorgen war Abreisetag, somit war morgen unser letzter Tag; und während dieser Tage hatte ich erfahren, wie es war, sie immer im Arm zu halten, und mir war klar geworden, dass unsere Liebe etwas ganz Besonderes war.

Am nächsten Morgen war der Himmel ergraut, es regnete, ein gemächlicher, gleichmäßig, fast weinender Regen. Er sammelte sich in kleinen Pfützen, auf denen sich die grauen Wolken spiegelten und die Tropfen tanzten. Ich machte mich trotzdem auf den Weg, Brötchen zu holen, wie ich es jeden Morgen tat, nur diesmal mit dem Auto. Der Regen wurde kräftiger, klopfte aufs Autodach und zerplatzte zugleich. Die Straßen glänzten von der herabfallenden Nässe und ungeduldig füllte sich der Rinnstein mit dem Wasser. Ich hielt direkt vor dem Eingang des Marktes an, der gerade von einem anderen Touristen verlassen wurde.

Hatschi, nieste er laut, putzte sich die tropfende Nase, spannte den Schirm auf und tippelte bedächtig langsam des Weges entlang, als fühlte er unter seinen Schuhen das Wasser fließen. Ich kaufte ein und fuhr zurück, deckte den Tisch, kochte Kaffee und weckte meine Liebste.

»Es regnet draußen, spazierengehen ist heute nicht. Wir sollten vielleicht den Tag für unseren freien Einlass ins Badeland nutzen.«

»Ja, das können wir machen. Dann verbringen wir heute mal ein Wellnesstag. Hoffentlich ist es bei dem Wetter nicht so voll.«

Während des Frühstücks ließ der Regen allmählich nach, wurde schwächer und schwächer und plötzlich brachen die ersten Sonnenstrahlen hindurch. Es kam der Moment, wo kein Tropfen mehr fiel, wo man den Regenschirm zusammenklappen und schmal falten konnte, der dann aussah wie ein Spazierstock, gerade und spitz.

»Der Regen hat aufgehört«, stellte ich fest, »aber für einen Strandspaziergang, ist der Sand zu feucht, und durch den aufgeweichten Boden im Wald zu schlendern, ist auch nicht das Wahre. Gibt zwei Möglichkeiten: bummeln in der Stadt oder Badeland.«

»Dann lass uns wie von vornherein geplant ins Badeland gehen«, entschied sie.

Wir räumten das Geschirr zusammen, spülten ab, packten unsere Badesachen zusammen und machten uns los. Es war trocken, kein Regen, nur Wolken, welche nicht sehr dunkel, eher hellgrau aussahen und zwischen sie schoben sich kleine Sonnenstrahlen, die uns anlächelten. So ließen wir das Auto stehen und gingen zu Fuß. Die Entfernung war nicht weit und nach einigen Minuten erreichten wir das Badeland. Ein Gang führte uns zu den Umkleidekabinen, die für Knaben und Mädchen getrennt waren, für Erwachsene nicht. Eine enge Kabine mit einer runterklappbaren Bank, um die Tür von innen zu verriegeln.

Ich zog mich aus, sie zog sich aus, wir standen uns nackt ganz nahe. Bewundernde Blicke tasteten den Körper des Anderen ab und jeder genoss es, von den Blicken seines Gegenübers verschlugen zu werden. Ein Ort, um dumme Gedanken zu hegen, doch Geräusche klappernder Türen, johlender Kinder, klatschender Füße inspirierten mich nicht sonderlich und so zogen wir unsere Badesachen an, verschwanden daraufhin in der Schwimmhalle.

Wir tauchten ein in dieses riesengroße Becken, pflügten einige Bahnen durchs Wasser. Dann pirschte ich mich hinter ihr her, tauchte ab, sah die schönsten Beine, die sich kraulend bewegten, einen zauberhaften Rücken, der sich unterhalb der Wasseroberfläche befand, und eine Bikinihose, hinter der sich ein wundervoller Po verbarg und nach der ich griff. Erschrocken drehte sie sich um, zappelte mit den Beinen und war dabei, mir eine zu scheuern.

»Mensch, hast du mich erschreckt, ich dacht, da grabbelt mich irgendein Fremder an.«

»Keine Angst, niemand wird es schaffen, dir so nahe zu kommen wie ich, und wenn es doch einmal jemand versuchen sollte, dann werde ich ihm zeigen, wer der Herr im Hause ist.«

»Das ist lieb von dir«, sagte sie und schoss mir eine Welle ins Gesicht. Sie versuchte zu entkommen, schwamm einfach davon, doch ich holte sie ein, griff um ihre Hüfte und riss sie an mich. Mit pendelnden

Bewegungen meiner Füße hielt ich uns über Wasser, presste unsere nassen Körper aneinander und wir schauten tief in unsere Herzen. Festgeklammert an mir wusste sie, dass ich sie immer halten würde, sie nie loslassen würde und so festigte sich das Vertrauen noch weiter ins Unermessliche.

Als ich meine Bahn weiter schwimmen wollte, fasste sie mir an die Fußgelenke und so zog ich sie hinter mir her bis ins flachere Becken, nahm sie auf meine Arme, drehte mich im Kreise und verdrängte das Wasser mit ihrem Körper. Sie jauchzte und strahlte, war glücklich und zufrieden, war ausgeglichen wie noch nie. Sie kam auf mich zu, umarmte und küsste mich. Ich schmeckte das chlorhaltige Wasser auf ihrer Zunge, Wasser, das von den Haaren herunterlief und sich in den Mundwinkeln sammelte.

Wir planschten noch ein wenig, drangen dann zu der Attraktion vor, die ich schon auf einem Plakat am Eingang gesehen hatte. Ein Felsen, von dem ein Wasserfall herunterprasselte und unsere Rücken massierte. Es war angenehm, wie dieser harte Strahl auf den Schultern landete, um dann weich seinen Weg ins Becken zu suchen. Seine wohltuende Wirkung knetete jeden einzelnen Muskel und bewirkte eine tiefe Entspannung in mir. Ganz dicht stand ich neben Eva, meinen Arm um sie gelegt und genießerisch ließen wir das nasse Element auf uns niederfallen.

Mein Blick blieb starr an meinen Fingern hängen, wie verschrumpelt sie aussahen, wie sich die Haut an den Kuppen gedehnt hatte, um Wasser aufzunehmen, richtig aufgequollen. Schrecklich war der Gedanke, immer so aussehen zu müssen, doch sie würden sich wieder nach kurzer Zeit straffen.

Nachdem wir die Dauerbrause verlassen hatten, setzten wir uns ins interne Bistro, tranken Kaffee und streichelten uns gegenseitig die runzeligen Finger, die weich wie ein Schwamm waren. Zärtlich küsste ich jeden einzelnen von ihr, hielt ihre Hand mit zwei Händen fest und ein Lächeln schlich ihr durchs Gesicht, weil sie meine Gedanken verstanden hatte. Blicke und Gesten, die Bände sprechen und ausdrücken, was wir tief in uns fühlten. Ein schöner Moment der Zweisamkeit, der für Augenblicke die Welt um uns vergessen ließ.

Längst war es später Nachmittag geworden, als wir uns wieder umgezogen hatten und hinaus wagten. Es regnete wieder, es musste die ganze Zeit geregnet haben, die Straßen waren durchflutet von dem Wasser, das plätschernd herabfiel und gierig von der Erde aufgesogen wurde, um neues Leben zu schaffen. Es hatte nicht nach Regen ausgesehen, als wir losgegangen waren, hatten daher das Auto zurückgelassen; was für ein Pech jetzt. Ich stellte mich in den Regen, breitete die Arme aus und schaute in den Himmel, dachte, wie schön es war, dass er auf alle fiel, auf die Guten und auf die Bösen, und keinen Unterschied machte zwischen Jung und Alt, zwischen Arm und Reich.

Kindererinnerungen stiegen in mir auf; ich hatte oft mit dem Regen fangen gespielt, nach ihm geschnappt und ihn verschlungen. Oft stand ich draußen, blickte zum Himmel und ließ mich sanft von ihm berühren, seine warmen Tropfen prickelnd auf der Haut spüren, wie Sprudelwasser. Ließ mich von ihm umschließen, umschließen mit den Tropfen, die meine Haare durchnässten und meine Kleidung schlaff am Körper hängen ließ.

Ich schaute immer noch nach oben, wusste gar nicht mehr, wie angenehm es war, die Tropfen zu spüren. Eva stellte sich neben mich, blickte mit mir zu den Wolken und wir ließen die Tropfen auf unsere Gesichter fallen, ließen uns von ihnen quasi küssen, doch dann wurden sie heftiger, dichter und härter, peitschten und trommelten auf uns nieder.

Es rann in den Kragen, lief schaurig den Rücken hinunter und sammelte sich am Hosenbund. Ich nahm ihre Hand, die sie feucht und verregnet in der Jackentasche versteckt hatte, und wir liefen los. Auf dem Feldweg zu unserem Ferienhaus reihten sich Pfützen aneinander, die überliefen, gefüllt von Regentropfen, die gemeinsam hüpften, als ob sie sich zurück in die Wolke sehnten. Ganz fest hielt sie meine Hand, als wir eine Pfütze nach der anderen übersprangen, und ganz närrisch hielt sie mich zurück, damit ich tollpatschig in eine trat. Klatschnass waren meine Schuhe und bei jedem Schritt hörte ich das Platschen, als würde das Wasser bis zu den Knöcheln stehen.

Die Kleidung klebte vollgesaugt auf der Haut, Schuhe, einst sauber, waren nun mit Schlamm bedeckt und die ehemals blauen Jeans waren in einem rötlichbraungrünen, feuchten Schmutz getränkt. Ein Vermächtnis der Natur, verbunden mit seinen großen Geheimnissen.

»Nichts wie raus aus den Klamotten und einmal warm duschen«, erwähnte meine Süße, als wir triefend nass daheim ankamen.

»Das ist eine gute Idee, das werde ich auch machen, aber was hältst du davon, wenn ich den Kamin anzünde, habe nämlich Holz hinterm Haus gesehen.«

»Oh ja, dann machen wir uns das so richtig gemütlich vorm Feuer, fehlt nur noch das Bärenfell.«

»Damit kann ich leider nicht dienen, aber mit einer Wolldecke vielleicht?«

»Geht auch zur Not«, entgegnete sie.

Während meine Süße duschte, holte ich Holz und ließ es schnell im Kamin entfachen, breitete die Wolldecke aus und drapierte sämtliche Kissen darauf. Danach ging ich duschen. Als ich zurückkam, lag sie leicht bekleidet vor dem Feuer. Sie trug einen verführerischen, kurz geschnittenen, tief sitzenden Stringrock mit transparenter Spitze, dazu den passenden BH, der aufreizend ihre Rundungen erkennen ließ. Eine Schale mit klein geschnittenen Obststücken stand neben ihr. Sie schaute dem knackenden Holz und den züngelnden Flammen zu, die Wärme und Entspannung für Körper und Seele versprachen. Ganz dicht legte ich mich neben sie, spürte den Atem an meinem Hals und die Hand, die zärtlich meinen Arm streichelte. Gemeinsam schauten wir in die Glut, in das heiße, helle Sterben, in die Flammenzungen, die sich tänzelnd bewegten. Die wohlig warme Atmosphäre, das Knistern des Feuers verwandelte diesen Schmuddelwettertag in eine geradezu romantische Kulisse und zauberte gleichzeitig einen Hauch von Lagerfeuerflair.

»So ein Kamin ist eine schöne Sache«, sagte sie. »Schade, dass man ihn im Winter nicht mit nach draußen nehmen kann, wenn es schneit. Man kann sich dann an ihm wärmen, wenn man friert.«

»Aber wir haben doch zu Hause einen Außenkamin, steht auf der Terrasse, hast du ihn noch nicht gesehen?«

Sie überlegte, grübelte und sprach dann: »Ja stimmt, dieses Hexenhäuschen, das von der Botanik überrascht wurde und vor lauter Gestrüpp keine Luft mehr bekommt; ja stimmt, das habe ich gesehen.«

»Ha, ha, ha, das kann man alles wegschneiden und schon ist er wieder funktionstüchtig. Ich hab ihn selten benutzt, irgendwann mal gar nicht mehr, weil ich doch diese große Feuerstelle gebaut hatte, die man gleichzeitig als Lagerfeuer nutzen kann. Warum interessiert dich das?«

»Ich habe eben geträumt, dass es ringsherum draußen glitzerweiß ist, dass Eiszapfen silbrig von den Dachrinnen herunterwachsen und Bäume vom Schnee weiß gepudert sind. Wir tobten im Schnee, fuhren Schlitten und bauten einen Schneemann. Es wurde klirrend kalt, der Atem stieß kleine Dampfwolken aus Nase und Mund und meine Finger wurden steif. Frierend wollte ich ins Haus gehen, doch du beschmeißt mich mit Schneebällen, immer wieder, und ich schmiss zurück. Du ließest mir keine Chance, ins Haus zu gehen, weil du wusstest, dass es eine Ewigkeit dauern würde, bevor ich wieder rauskäme, wenn überhaupt. Deshalb dachte ich an den Kamin, um sich immer mal wieder zwischendurch die Hände draußen aufwärmen zu können.«

»Irgendwie finde ich den Winter auch schön. Es ist zwar kalt, aber alles ist ruhig und friedlich. Und wenn man dann von einem ausgedehnten Spaziergang durchgefroren nach Hause kommt, dann übt so ein Kamin schon eine angenehme Wärme und die hypnotischen Flammen einen ungemeinen Reiz aus. Das war auch der Grund, warum ich den einen Raum zum Kaminzimmer umgebaut habe.«

»Ich freu mich schon auf den Winter, auf den Winter mit dir und dem besonderen Duft von brennendem Holz«, entgegnete sie.

Sie räkelte sich behaglich, kuschelte sich noch näher an mich heran, umklammerte mit einer Hand mein Handgelenk, streichelte es mit dem Daumen und fuhr weiter fort:

»Den Kamin hast du dir doch nur angeschafft, damit auch der Weihnachtsmann den Weg zu dir findet. Aber bei der Asche, die da noch drin ist, ist das eine schmutzige Arbeit für ihn, jedes Mal mit verrußten Klamotten und schwarzen Wangen weiterfahren zu müssen.«

»Keine Sorge, bis Weihnachten ist noch lange hin und bis dahin habe ich den Kamin sauber. Zwischendurch kommt auch noch der Schornsteinfeger und dann ist auch der Schlot gereinigt. Hast wohl Angst, dass du nichts zu Weihnachten kriegst, was?«

»Das nicht, aber man muss ja schon mal ein bisschen vordenken, nicht alles auf den letzten Drücker schieben, seinen Wunschzettel schon mal schreiben und so.«

»Wunschzettel, ich brauch keinen Wunschzettel. Mein Wunsch ist bereits in Erfüllung gegangen. Ich habe dich kennengelernt und du bist ein beachtlicher Teil meines Lebens geworden, welches ich nicht missen möchte. Meine Liebe zu dir ist so groß, dass sie nicht mit den teuersten Gütern der Welt gemessen werden kann, und ich weiß, dass deine Liebe genauso groß ist und das ist für mich Geschenk genug, welches ich mit größter Sorgfalt behandeln werde.«

Sie drehte ihren Kopf zu mir, schaute tief in mich hinein, als wollte sie prüfen, ob da nicht doch noch ein Wunsch versteckt war. Dann folgte wieder dieser Kuss, der mich träumerisch in erotisierende Gedanken verzauberte. Er war zärtlich und langsam, stürmisch und wild, dann wieder sanfter und leidenschaftlicher und ließ die Sinne schwinden. Ein aufregendes Lippenbekenntnis, wie jeder ihrer Küsse.

Das flackernde Licht erweckte den Raum zu neuem Leben und ließ es besonders festlich erscheinen. Gemeinsam schauten wir dem Feuerzauber zu, hörten das Knistern der Holzscheite und hingen unseren Gedanken nach. Diese roten Flammenzungen, die kleinen blauen Flackerflämmchen und der goldene Flammenmantel schwebten wie erschrockene Geister hin und her. Beständig züngelten sich die Flammen aus dem Gehölz heraus und wärmten unser Herz.

Langsam ließ ich meine Hand an ihrem Rücken auf- und abfahren, streichelte behutsam über den Spitzenstoff ihres Röckchens und ließ sie dann wieder über den Rücken zurückkehren. Ihre Haut war heiß, glühte von dem Zusammenspiel der Holzkloben und dem Flammenmeer. Das Feuer entbrannte in einer Leidenschaft und ließ aus dem Holz Asche entstehen.

Als es kühler wurde, legte ich nach und langsam wurden die Holzstücke von den Flackerflämmchen umlodert, bis Flammzungen sie zum Brennen brachten. Stimmungsvolle Fackelspiele entwickelten sich und knisternde Wärme errötete mein Gesicht.

Sie fütterte mich mit Obst, ein Stück nach dem anderen und ich genoss es, wie ein Römer im Liegen zu speisen.

»Noch ein Stück Apfel, Sklavin«, rief ich.

»Sklavin? Das möchtest du wohl gerne, was?«

»Was befragst du mich, Sklavin. Ich lasse dich hier an meinem Hofe einen ehrbaren Beruf ausüben, mich zu füttern und zu lieben. Du hast ein Dach über dem Kopf, kriegst täglich zu essen, hast Luft zum Atmen und darfst deine Lust an meinem Körper ausspielen. Erst wenn ich dich verkaufe, wirst du von mir befreit sein. So gehe aufs Klo und pinkle für mich.«

»Aufs Klo kannst du wohl alleine gehen, essen kannst du auch alleine, aber das andere …, dafür würde ich schon gerne deine Sklavin sein.«

»Freu dich, dass du nicht zu meinen Feldarbeitern gehörst, die selten das Sonnenlicht sehen, weil sie nur spät abends das Bergwerk verlassen dürfen.«

»Ich weiß, mein Herr und Gebieter. Ihr seid ein Feldherr und nahmt mich gefangen in einer Schlacht, die ich nicht gewinnen konnte und auch nicht wollte. Nun redet nicht so viel, sondern nehmt mich lieber in die Arme als Euren Tribut«, sprach sie fordernd und wusste zugleich, dass es Spaß war und ich niemals die Herrschaft über sie ausbreiten würde.

Ich lag auf dem Rücken, schaute sie an und je näher sie meinem Gesicht kam, umso mehr schlossen sich meine Augen und umso mehr öffnete sich mein Mund. Unsere Lippen verschmolzen und heftig bewegten sich unsere Zungen, als ob sie die Schlacht wiederholten, als ob sich keiner dem anderen ergeben wolle, als ob wir uns beide gegeneinander versklavten. Nach einiger Zeit trennten wir uns wieder und lächelten uns an.

Ich legte wieder Holz nach, ließ die Wärme auflodern und glückselig schmiegte sie sich an mich, spielte mit den Fingern auf meinem Bauch und langsam verschwand ihre bewusste Wahrnehmung der Umgebung. Sie schlief ein, entführte sich in ein Reich, welches von jedem regelmäßig nachts besucht wird, woran man sich aber im Wachzustand nur in Bruchstücken erinnert, in einen Traum. Die viele frische Luft, der Aufenthalt in dem subtropischen Badeland, die ausstrahlende Wärme des Kamins und das individuelle Erlebnis des Rausches ermüdeten sie. Ich ließ sie schlafen, spürte ihren flachen Atem, die leichte Erhebung ihrer Brust und das Zucken ihrer Fingerspitzen auf meinem Bauch.

Zufrieden schaute ich ins Feuer, wie die Glut feurig den Kloben umschloss, in seine Mitte aufnahm und Flammensäulen aufsteigen ließ. Eine tiefe und faszinierende Magie zog mich in den Bann und das subtile und wohlige Gefühl von Geborgenheit und Wärme intensivierte sich. Glutrote Feuerzungen quollen aus dem hölzernen Gewebe, aus der Borke, aus dem Splintholz und dann aus dem Kernholz. Weltvergessend starrte ich sie an, wie sie sich flackernd in die leere Luft erhoben und beschwörend vor meinen Augen tänzelten, wie sie phantastisch hin- und herzuckten.

Ich lauschte dem Knistern und Knacken, nahm den angenehmen Duft des Verbrennens auf und beobachtete die kleinen Funken, die sich von den Holzscheiten lösten, sich schwebend erhoben und langsam davonflogen – wie meine Gedanken.

Vor meinem inneren Auge sah ich ein Schneegestöber, es war kalt und dunkel, der Schnee rieselte in weichen Flocken leise und ganz sachte, fast schwerelos zur Erde. In der Ferne sah ich eine Holzhütte, durch deren Fenster ein sanftes Licht hinausdrängte und ein leichter Rauch aus dem Schornstein ringelte. Wie eine schützende Decke glitzerte der Schnee um das Holzhaus herum, auf das ich zuging. Unter dem lautlosen Geräusch der Bäume hörte ich das Knirschen meiner Schritte im Schnee und fühle, wie er sanft und weich nachgab und jeden meiner Fußstapfen einfing. Er rieselte in mein Gesicht und wurde von der warmen Haut geschmolzen, verfing sich in den Haaren und wurde langsam zu Wasser.

Ich blieb vor dem Fenster stehen, strich den Schnee von der Scheibe und schaute hinein, sah einen Couchtisch, ein Sofa und ein loderndes Kaminfeuer. Vor dem Kaminfeuer lag ein nackter makelloser Körper im Schein der glühenden Flammen, erotisch und anziehend. Ein nackter Frauenkörper, der mit den verschiedensten visuellen Stimulationen aufwarten konnte, mit den vollkommenen Rundungen, der weichen Haut, dem zarten Duft, meine Sinne vollkommen vereinnahmte und alleine der Anblick schon höchst faszinierend wirkte und mich erblinden ließ. Sie stand auf, schaute zu mir her und unsere Blicke trafen sich. Verschämt bedeckte sie mit den Armen ihre Blöße, fühlte sich beobachtet, in ihrem Schicklichkeitsgefühl verletzt, mit den Augen verfolgt wie von einen

Voyeur, der durch das Loch in der Tür zur Badekammer schaut.

Ihr Äußeres war mir so vertraut, so treu ergeben, zärtlich, humorvoll, weiblich und intelligent. Es war ihr Körper, der wundervollste Körper, den ich je gesehen hatte und ohne den ich nicht mehr leben wollte und konnte. Es war meine Eva, meine Süße, mein Schatz, meine Traumfrau, die ich da sah.

Plötzlich erhob sich eine weitere Person vom Boden, ein Mann voll unbekleidet, splitternackt, wie Gott ihn schuf. Auch er schaute zu mir hin und ich erkannte auch ihn. Er hatte die gleichen Gesichtszüge, die gleichen Augen, Nase, Mund und auch die Haare, das gleiche Muttermal neben dem Schlüsselbein, die gleiche Statur … wie ich.

Schnurstracks ging ich zur Tür, klopfe erst ganz zaghaft dagegen, dann etwas heftiger und schließlich mit der Faust. Stimmen erklangen, redeten durcheinander, unverständliche Worte, dann waren Schritte zu hören, Schritte, die immer näher kamen. Langsam, ganz sachte ohne Geräusche ging die Tür einen Spalt auf und ich spürte eine Kälte auf meiner Haut, die aus dem Haus drang.

Ich fing an zu frieren, tastete nach einer Decke und bemerkte, dass ich geträumt hatte, geträumt von meinem Doppel-Ich, der an der Seite meiner Liebsten war. Eigentlich saß er ja immer leicht versetzt links auf der Schulter des Haupt-Ich und versuchte, diesen zu Schandtaten zu motivieren, eine Schattenseite also, die alle unerfüllten Wünsche, Sehnsüchte und dunklen Phantasien vereinte.

Meine Süße lag noch da und schlief. Das Feuer im Kamin neigte sich dem Ende entgegen, nur noch kleine Glühwürmchen bewegten sich in der fast lichterlosen Glut.

»Aufstehen, mein Schatz«, sagte ich. »Es ist spät, lass uns ins Bett gehen.«

»Oh, bin ich eingeschlafen? Brrr, es ist kalt auf einmal, ich friere.«

»Ja, das Feuer ist ausgegangen, habe nicht darauf geachtet, weil ich selbst ein wenig eingedöst bin. Los, husch, husch ins Bettchen, komme gleich nach, will nur noch den Kamin zumachen, bevor hier irgendwas anfängt zu schmoren.«

3.4 Ich nehme ihre Hand und sage: jetzt hab ich alles

Am nächsten Morgen stand ich früher auf als sonst, machte mich fertig, holte Brötchen, deckte den Tisch und schlich mich auf Zehenspitzen ins Schlafzimmer, um meine Süße zu wecken. In verführerischer Pose lag sie da, die Bettdecke zwischen Armen und Beinen, der Kopf neben dem Kissen, ruhig und leicht atmend, friedlich und schlafend. Ihr Körper war schön, aufregend und weckte immer wieder die Aufmerksamkeit in mir. Sie ist er einzige Mensch, der es auf Anhieb schaffte, mir ein Lächeln ins Gesicht zu zaubern, ohne auch nur ein Wort zu sagen. Ich küsste sie wach und ihre wunderbaren Augen strahlten mich an.

»Guten Morgen, mein Schatz, du bist schon auf?«

»Heut ist der letzte Tag. Bis zehn Uhr müssen wir die Hütte geräumt haben und ich hab gedacht, dass wir zumindest noch einmal vorher gemütlich frühstücken sollten.«

»Schade, dass die Woche schon vorbei ist, sie hätte ewig so weitergehen können. Es ist so schön hier.«

»Meinetwegen auch, aber wie sagt man im Volksmund: Wenn's am schönsten ist, soll man Abschied nehmen.«

»Warum eigentlich?«

»Damit das Positive bleibt. Der Mensch erinnert sich an schlechte Sachen eher als an gute, deshalb rechtzeitig einen Abflug machen, bevor schlechte Sachen auftreten.«

»Ja, aber woher soll man wissen, wann es am schönsten war, wenn man nicht bis zum Schluss bleibt? Wie ist es mit der Liebe, soll man sie auch rechtzeitig beenden, wenn sie auf den höchsten Stand steht?«

Sie traf einen Punkt, der mich sprachlos machte, ihr aber Recht gab. Warum eigentlich, warum eigentlich aufhören, wenn's am schönsten ist? Was machen Eventveranstalter, wenn alle Besucher plötzlich verschwinden, bevor die Band ihr Repertoire beendet hat? Wann ist der Zustand des Schönsten erreicht, wie bemerkt man es? Ist es das Bauchgefühl, das uns wissen lässt, schöner und besser kann es nicht mehr werden, oder stellt man es anhand von geleerten Flaschen und Bierleichen fest, die einen umgeben? Mir fiel keine passende Antwort ein, nur …

»Die Liebe, die ist vergleichbar mit einem Lebensrad, das sich immer weiter dreht und jedes Ende ein neuer Anfang ist.«

Sie stand auf, kam um den Tisch herum, setzte sich auf meinen Schoß und ich sah, wie eine Träne an ihrer Wange herunterkullerte. Es war eine Träne der Freude, der Liebe, der Zufrieden- und Geborgenheit. Ich wischte sie ihr weg und hoffte, dass keine anderen Tränen ihr Gesicht jemals berühren würden, außer denen des Glücks.

Nach dem Frühstück räumten wir auf, packten unsere Sachen zusammen und während ich das Fahrzeug belud, inspizierte sie nochmals das Haus.

»Hast du alles?«, fragte sie, worauf ich auf sie zuging, ihre Hand nahm und antwortete:

»Jetzt hab ich alles!«

Wir fuhren los und im Rückspiegel blickte ich zurück auf einen aufregenden und schönen Urlaub, auf wundervolle Tage, die ich erleben konnte und erfahren durfte und wie es sich anfühlt, sie ständig um mich zu haben. Verstanden hatten wir uns sehr gut, es gab keine Konflikte, keine Missverständnisse, wir hatten nur stresslose Tage erlebt, weil wir uns verstanden, weil wir gleiche Gedanken und Hoffnungen hegten, führten tiefer gehende Gespräche, hatten auch viel Unsinn gemacht, was fast schon kindisch war. Und dann waren da die Momente, in denen ganz plötzlich ein Lächeln über mein

Gesicht schlich, weil meine Gedanken gerade zu ihr gewandert waren, Momente, die nur wir zwei erlebten und verstanden. Meist waren es lustige Gegebenheiten, die heiter und ausgelassen waren, manchmal war es auch ein Satz von ihr, der sich in mein Gedächtnis gebrannt hat. Sie war die Frau, die es schaffte, mich mit einfachen, schlichten Worten zu berühren und das wusste sie, weil sie mich besser kannte als ich mich selbst. Sie war – und ist – ein Teil meines Lebens und das andere Ende der Brücke, die unsere Herzen miteinander verbindet.